피지올로구스

피지올로구스

기독교 자연 상징사전

초판 1쇄 1999. 6. 22
개정판 1쇄 2022. 8. 19

지은이 자연학자 피지올로구스
옮긴이 노성두
펴낸이 김광우
편집 강지수, 문혜영
마케팅 권순민, 김예진, 박장희
디자인 송지애

펴낸곳 知와사랑
주소 경기도 고양시 일산동구 고양대로1021번길 33 402호
전화 02) 335-2964 팩스 031) 901-2965 홈페이지 www.jiwasarang.co.kr

등록번호 제 2011-000074호 등록일 1999. 1. 23
인쇄 동화인쇄

ISBN 978-89-89007-92-0 03200
값 18,000원

피지올로구스

기독교 자연 상징사전

자연학자 피지올로구스 지음
노성두 옮김

知와 사랑

역자 서문

피지올로구스의 형성과 미술사적 의미

중세 미술의 그림 언어를 읽어내려는 사람에게 가장 요긴한 책은 성서다. 성서와 더불어 일차문헌의 첫머리에 꼽히는 책 가운데 《황금전설》과 《피지올로구스》가 있다. 기독교 도상의 풍요로운 젖줄을 이루는 원류들이다. 가령 〈그리스도의 십자가 책형〉을 묘사한 그림에서 십자가 머리에 앉아 있는 검은 새의 정체가 무엇인지 우리가 아는 자연과학에서는 가르쳐주지 않는다. 중세의 화가들은 이 새를 펠리칸이라고 생각하고 그렸다. 이 새가 왜 십자가 위에 있는지 알고 싶으면 조류도감보다 피지올로구스를 펼치는 편이 낫다. 제 옆구리 살을 부리로 찢어 벌리고 상처에서 흘러나온 피로 죽은 새끼들을 살려내는 상상의 새에게 피지올로구스는 펠리칸이라는 이름을 붙여주었다. 그러나 펠리칸을 그리스도의 희생과 부활의 상징에 빗댄 것은 피지올로구스에 반영된 중세인들의 순박한 신앙이었다.

피지올로구스는 '자연에 대해서 박식한 자'라는 말이다. 저자가 누구인지 밝혀지지 않은 채 구전과 민담으로 전해져 오던 내용이 서기 200년 전후에 근동지역에서 처음으로 문자화되었을 것으로 추정된다. 현존하는 피지올로구스의 가장 오래된 에티오피아 판본은 5세기 무렵에 나온 것이다. 모두 48장으로 구성된 판본의 내용은 이후 수세기에 걸친 전승 과정에서 원 줄거리에 살이 붙고 새로운 상징들이 다수 첨가되었다. 이 책에 실린 55장의 내용은 그 가운데 여러 피지올로구스의 판본들에서 공통적으로 인정되어 온 일곱 장을 더한 것이다.

중세기에 이미 20여 개 언어로 번역된 피지올로구스는 초기 기독교 도상 상징사전으로 특히 비잔틴 교회의 조각장식과 중세 유럽의 교회 건축에서 로마네스크 주두 장식, 문장학 등 여러 분야에 커다란 영향을 미쳤다.

피지올로구스는 상상에서 기인하거나 실재하는 동물과 식물, 그리고 광물 들의 성질을 읽고 관찰한다. 아리스토텔레스·아일리아누스·플리니우스·플루타르코스 등 고대의 자연학자들이 자연이 가진 고유의 가치에 실존적 의미를 부여

한 반면, 피지올로구스는 자연을 창조주가 지어낸 피조물로 파악한다. 피지올로구스는 자연을 유형적으로 분류하여 제각기 그리스도·마귀·교회·인간 등을 빗대는 우의적 도구로 해석한다. 예컨대 사자·펠리칸·피닉스·일각수 등이 초기 기독교 시대 이후 그리스도의 대표적인 상징으로 굳어지기까지 피지올로구스의 역할을 부인할 수 없다.

각 장의 첫머리는 대개 성서 구절로 시작된다. 뒤이어 "자연학자 피지올로구스는 이렇게 설명하였다"라는 부연과 더불어 해당 동물에 관한, 혹은 식물이나 광물의 습성과 성질이 요약된다. 그러나 피지올로구스는 자연과학의 관점에서 관찰한 서술을 포기하고 피조물에 비추어진 창조주의 비밀스러운 의지와 숨겨진 뜻을 묵상하고 경배한다. 자연의 거울 위에 떠오르는 구원의 미스터리를 읽고, 창조와 피조의 놀라운 관계를 들여다본다. 동물과 식물과 광물의 성질이 주는 교훈을 되새기면서 우리가 나아갈 바와 삼가야 할 바를 구분하여 가리켜 보인다. 피지올로구스는 참다운 신앙공동체가 이 세상의 바다를 항해하면서 시험과 육정의 파도를 헤쳐나가도록 인도하는 붉은 비둘기의 역할을 맡았다.

각 장의 말미에 덧붙는 '그러므로 그대, 인간이여' 혹은 '그러므로, 그대 공동체의 한 분깃이여'라는 표현은 피지올로구스의 교훈이 겨냥하는 상대를 더없이 명료하게 드러낸다. 그가 이끌어 보이는 곳은 이 세상이다. 이 세상은 피지올로구스가 '우리 가운데' 발견한 그리스도의 육화에 대한 비유이기 때문이다.

이 책은 에어랑엔 대학 철학부 고전문헌학과 정교수로 재직하였던 오토 제엘Otto Seel(1907-75) 박사가 번역한《피지올로구스*Physiologus*》를 다시 옮긴 것이다. 그리스어로 쓰인 원문을 직역하지 못한 것은 역자의 학문이 짧기 때문이다. 번역에서 인용문은 원칙적으로 대한성서공회에서 나온 공동번역 성서를 사용하였고, 라틴 성서는 슈투트가르트의 비벨게젤샤프트Bibelgesellschaft에서 1994년에 펴낸《큰 라틴 성서*Biblia Sacra iuxta vulgatam versionem*》 제4판을 가지고 비교하였다. 루터 성서는 같은 출판사에서 1975년에 나온 이른바《큰 루터 성서*Die Große Lutherbibel*》 개정판을 펼쳐보았다. 또한 라틴 성서와 우리말 공동번역 성서의 뜻이 다를 경우에 역자주에서 내용을 비교하여 다루었다. 20여 년만에 이 책을 다시 낼 수 있게 되어 기쁘다. 아울러 도판을 추가하고 내용을 다소 손보았다.

2022년 6월

노성두

차례

1

사자*

책의 첫머리를 사자부터 시작합시다. 백수의 왕이기 때문입니다. 야곱이 유다에게 축복을 내리면서 이르기를,

"유다는 사자 새끼,

아들아, 너야말로 짐승을 덮쳐 뜯어먹고는

배를 깔고 엎드린 수사자라 할까?"

라고 말하였습니다.[1]

자연학자 피지올로구스는 사자를 두고 세 가지 사자다운 성질이 있다고 말합니다. 첫째, 사자는 산과 골짜기를

타고 길을 가다가 사냥꾼이 접근하는 낌새를 채면 제 꼬리를 휘저어서 걸음의 흔적을 지웁니다. 그러면 사냥꾼은 그만 표적을 잃고 공격을 포기하게 됩니다.

주님도 이와 같습니다. 성서에 이르기를, "유다 지파에서 난 사자, 다윗의 뿌리가 승리하였으니"라고 하였습니다.[2] 존귀하신 하느님이 이 세상에 보내신 주님도 사자처럼 지나오신 영성의 흔적, 곧 신성을 감추었습니다. 그러나 주님은 천사들 가운데서 천사가 되셨고, 열왕의 왕이 되셨으며, 많은 권세 가운데 참 권세가 되셨고, 인간들 가운데 인자로 오셨습니다. 주님은 스스로를 낮추시고 마리아의 품에 깃드심으로써 그렇게 되셨습니다. 주님은 어지러이 방황하는 우리의 영혼을 구원하시려고 그렇게 하셨습니다. 말씀이 육신이 되어서 우리 가운데 거하시게 된 것입니다.[3]

그러기에 인간들은 주님을 높은 곳에서 내려오신 분이라고 생각하여 "영광의 왕이 누구신가?"라고 물었습니다. 이에 성령이 일러 가로되, "힘세고 용맹하신 야훼이시다"라고 하였습니다.[4]

사자의 둘째 성질은 이렇습니다. 동굴에서 잠이 든 사자는 사실 깨어 있다고 해야 옳습니다. 눈을 뜨고 있기 때문입니다.

솔로몬도 이런 사실을 알고 아가서에서 이르기를, “나는 잠들었어도 정신은 말짱한데”라고 하였습니다.[5] 이는 주님의 육신이 십자가에서 잠들었을지라도 그의 신성은 깨어 있어서 아버지의 오른편에 앉아 계시기 때문입니다.[6] 또 예언자가 이르되, “이스라엘을 지키시는 이, 졸지 않고 잠들지도 아니하신다”라고 하셨습니다.[7]

사자가 가진 셋째 성질은 이렇습니다. 어미 사자가 갓난 새끼를 던져서 어린 것을 죽입니다. 그러나 어미는 정성을 다하여 새끼들을 지킵니다. 셋째 날이 되면 아비 사자가 돌아와서 새끼의 얼굴에 입김을 불어서 살려냅니다. 이처럼 하느님은 만물에 앞서 태어나신 자신의 첫배 그리스도,[8] 곧 우리의 주님을 죽은 자 가운데서 살려내시고, 방황하는 인간들을 구원하셨습니다. 그러니 야곱이 “사자의 새끼와 같으니 누가 그를 건드릴 수 있으랴”라고 했던 말은 참 적당합니다.[9] 아버지께서 내신 일이 그러합니다.

자연학자 피지올로구스는 사자와 사자 새끼에 대해서 잘 설명하였습니다.

역자주 1 ———

* 본문에서 다룬 사자의 성질에 관한 내용은 고전 문헌 가운데 아리스토텔레스·아일리아누스·플리니우스·플루타르코스가 전하는 사자에 관한 기록과 좋은 비교를 이룬다. 그러나 직접 내용을 빌려왔는지는 알 수 없다. 오히려 다른 동물들이 가진 습성을 사자의 성질로 바꾸어 설명하였을 가능성이 크다. 즉 자신의 꼬리를 휘저어서 발자국을 지우는 여우의 습성이나, 눈을 뜨고 잠자는 토끼의 습성, 그리고 새끼를 혀로 핥아서 깨우는 곰의 습성을 사자에게 모은 것으로 보인다.

1 **창세기** 49: 9 라틴 성서의 "Catulus leonis Iuda a praeda fili mi ascendisti requiescens accubuisti ut leo et quasi leaena quis suscitabit eum"은 "유다는 사자의 새끼다. 내 아들아, 너는 먹이를 올라탔구나. 너는 수사자처럼, 그리고 암사자처럼 길게 누워서 쉬고 있구나. 그러니 누가 그를 건드릴 수 있으랴"라고 옮길 수 있다.

2 **요한묵시록** 5: 5 그러나 원로들 가운데 하나가 나에게 "울지 마시오. 유다 지파에서 난 사자, 곧 다윗의 뿌리가 승리하였으니 그분이 이 일곱 봉인을 떼시고 두루마리를 펴실 수 있습니다" 하고 말했습니다.

3 **요한** 1: 14 말씀이 사람이 되셔서 우리와 함께 계셨는데, 우리는 그분의 영광을 보았다. 그것은 외아들이 아버지에게서 받은 영광이었다. 그분에게는 은총과 진리가 충만하였다.

4 **시편** 24: 8-10
영광의 왕이 누구신가?
힘세고 용맹하신 야훼이시다.

싸움터에서 그 용맹 떨치신 야훼이시다.
문들아, 머리를 들어라.
오래된 문들아, 일어서라.
영광의 왕께서 드신다.
영광의 왕이 누구신가?
영광의 왕은 만군의 야훼 그분이시다.

5 **아가** 5: 2

6 **마태오** 26: 64 예수께서는 그에게 "그것은 너의 말이다" 하시고는 "잘 들어 두어라. 너희는 이제부터 사람의 아들이 전능하신 분의 오른편에 앉아 있는 것과 또 하늘의 구름을 타고 오는 것을 볼 것이다" 하고 말씀하셨다.

루가 22: 69 "사람의 아들은 이제부터 전능하신 하느님의 오른편에 앉게 될 것이다."

사도행전 7: 55 이 때 스테파노가 성령이 충만하여 하늘을 우러러 보니 하느님의 영광과 하느님 오른편에 서 계신 예수님이 보였다.

7 **시편** 121: 4

8 **골로사이** 1: 15 그리스도께서는 보이지 않는 하느님의 형상이시며 만물에 앞서 태어나신 분이십니다.

9 **창세기** 49: 9 라틴 성서의 "Quis suscitabit eum," 곧 "누가 그를 건드릴 수 있으랴"는 공동번역에서 누락되었다.

2

도마뱀*

도마뱀이라는 동물이 있습니다. 자연학자 피지올로구스는 도마뱀이 나이가 많이 들면 두 눈이 모두 상해서 실명에 이른다고 합니다. 눈에 빛이 사라져서 태양을 보지 못하게 되는 것이지요. 그렇게 되면 도마뱀은 타고난 천분의 성질을 따라서 이렇게 행동합니다. 우선 태양이 솟는 쪽으로 면한 벽을 찾아서 벽 사이 갈라진 틈으로 기어듭니다. 이윽고 태양이 오르면 그 빛을 바라는 도마뱀의 두 눈이 번쩍 뜨이고 예전의 건강을 회복합니다.

그대도 이와 같이 따르십시오. 만약 그대가 낡은 인간의 옷을 걸쳤거든,[1] 그리고 진리를 바라는 그대의 두 눈이 탁하고 시려오거든, 떠오르는 정의의 태양,[2] 곧 우리 주 예수 그리스도를 찾아 나서야 합니다. 예언서에 이르기를 그분의 이름은 '떠오른다'는 뜻이라고 합니다.[3] 주님께서 몸소 그대 가슴의 눈을 활짝 뜨게 하고 그대의 마음 구석에 도사린 어둠을 말끔히 거두어 내실 것입니다.

역자주 2 ———

* 아리스토텔레스는 도마뱀이 뱀처럼 청춘을 회복하는 성질이 있다고 기록한다. 시력을 회복할 뿐 아니라, 에페소 4:22와 골로사이 3:9의 기록을 인용함으로써 구태를 벗는다는 내용을 덧붙인 것도 도마뱀과 뱀의 유사한 성질을 가리킨 것이다. 본문 제11장 '뱀'과 비교해서 읽는 것이 좋다.

1 **에페소** 4: 22 옛 생활을 청산하고 정욕에 말려들어 썩어져 가는 낡은 인간성을 벗어 버리고

골로사이 3: 9 여러분은 옛 생활을 청산하여 낡은 인간을 벗어 버렸고

2 **말라기** 3: 20 너희에게는 승리의 태양이 비쳐와 너희의 병을 고쳐 주리라.

3 **즈가리야** 6: 12 공동번역에서 "이 사람을 보라. 그 이름은 새싹이니, 이 사람이 앉은 자리에서 새싹이 돋으리라"로 옮겼으나, 라틴 성서의 "Ecce vir Oriens nomen eius et subter eum orietur"를 바로 옮기면 "보라, 그의 이름은 떠오르는 사람이니, 그의 휘하에서 - 만물이 - 떠오를 것이다"라는 뜻이다.

민수기 24: 17 공동번역에서 "야곱에게서 한 별이 솟는구나"는 라틴 성서의 "Orietur stella ex Iacob," 즉 "야곱에게서 한 별이 떠오를 것이다"를 옮긴 것이다.

루가 1: 78 공동번역에서 "하늘 높은 곳에 구원의 태양을 뜨게 하시어"로 옮겼으나, 라틴 성서의 "Visitavit nos Oriens ex alto illuminare"는 "우리의 떠오르시는 분이 높은 곳에서 빛을 뿌리는 것을 보았다"라고 옮길 수 있다. 본문에서 그리스도의 이름을 '떠오른다'라는 뜻으로 풀이한 것은 'Oriens'를 옮긴 말이다.

3

당아새*

율법에 기록된 당아새가 있습니다.[1] 자연학자 피지올로구스는 당아새가 검은 부분이라고는 한 곳도 없이 온통 하얀 새라고 말합니다. 당아새의 배설물을 눈에다 바르면 흐렸던 눈이 밝아집니다. 대개 왕궁 터에 서식하는 새입니다. 사람이 병들어 병세가 깊어지면 당아새의 도움을 빌려 환자의 생사를 가늠할 수 있습니다. 당아새를 가져다 침상에 누운 환자의 가슴께에 올려둡니다. 만약에 죽음에 이르는 병이라면 새는 머리를 젖혀서 환자를 외면합니다. 이 광경을 보고 사람들은 환자가 마침내 죽고 말리라는 사실을 알아차립니다. 그러나 병에서 회복될 사람이라면 당아새는 환자를 가만히 바라보고, 환자도 당아새를 마주봅니다. 당아새가 환자의 입술에 부리를 대고 벌린 다음에 병의 기운을 홀짝 들이마십니다. 그리고 태양을 향해서 치솟아 날아가서 병의 나쁜 기운을 살라버립니다. 이로써 환자의 병환이 치유됩니다.

이 이야기를 올곧게 믿고 우리 주님 예수 그리스도의 모습으로 바꾸어 생각하는 것은 참 좋은 일입니다. 주님은 어둠이라고는 한 점도 없이 오직 하얀 빛으로 충만하시기 때문입니다.[2] 그분께서 이르기를, "이 세상의 권력자가 가까이 오고 있다. 그가 나를 어떻게 할 수는 없지만"이라고 하셨습니다.[3] 그분은 "죄를 지으신 일이 없기" 때문입니다.[4]

주님께서 유다인들에게 오신 적이 있었지만, 썩 마음이 내키지 않아서 자신의 신성을 감추시고 그만 몸을 돌리셨습니다. 그리고 나서 주님은 우리들 사이에 오셨습니다. 깊은 병이 든 우리들은 그분을 찾아서 달려갔습니다. 주님은 우리의 죄짐과 병짐을 대신 맡아 지시고[5] 십자가에 높이 달리셨습니다. 예언자가 이르되, "당신께서 포로들을 사로잡아 높은 곳에 오르시니"라고 하신 것은 이 일을 두고 한 말입니다.[6] 우상을 섬기던 우리의 병을 깨끗이 고치고 다시 강건케 하심은 주님의 은사입니다.

자연학자 피지올로구스는 당아새 이야기를 잘 써두었습니다. 어떤 이는 이상하다고 생각할지 모르겠습니다. 율법에서 정결하지 않은 새로 꼽았던 당아새를 어찌 주님의 모습에 빗댈 수 있느냐고 물어볼지 모르겠습니다. 그러나 주님께서 정결치 못하고 병들어 신음하는 자들일지라도 기꺼이 받아들였다는 사실을 상기하시기 바랍니다. 예컨대 뱀과 같은 짐승도 정결하지 못합니다. 그러나 세례 요한은 "구리뱀이 광야에서 모세의 손에 높이 들렸던 것처럼 사람의 아들도 높이 들려야 한다" 라고 증언하였습니다.[7] 이처럼 세상 만물은 무엇이나 칭찬받고 비난받는 두 가지 성질을 가지고 있습니다.

그러니 자연학자 피지올로구스는 당아새에 대해서 적절하게 잘 설명하였습니다.

역자주 3

* 라틴명으로 '칼라드리우스caladrius'라고 불리는 당아새는 로만 문화권에서 '칼란드라calandra,' 곧 종달새와 같은 새로 혼동해서 쓰였다. 실제 당아새의 색깔과 달리 본문에서 검은 곳이라고는 한 곳도 없이 온통 하얀 새라고 설명된 것은 자연 관찰보다는 그리스도의 속성을 빗대기 위해서 상징적 의미가 첨가된 것으로 보인다. 당아새에게 병을 치유하는 능력이 있다고 본 것은 플루타르코스(quaest. conv. V 7. 2)도 마찬가지다. 그러나 아일리아누스(Aeth. 3. 8)나 플리니우스(N.H. 30. 94)의 경우와 마찬가지로 황달병에만 효과를 볼 수 있다고 생각하였다. 병의 나쁜 기운을 들이마시고 다시 뱉어내는 당아새의 성질은 오랜 전설에서 기원한다. 이 가운데 히포낙스(48 D)의 기록이 가장 오래되었다. 플라톤(Gorgias 494 B)은 당아새가 공연히 삼켰다가 뱉어내는 성질이 있다고 말한다. 그리스어로 당아새를 의미하는 카라드리오스charadrios와 비슷한 카라드라charadra가 '틈새'나 '심연'을 의미하고, 당아새는 곧 '바위 틈에 보금자리를 틀고 사는 새'라는 뜻으로 생긴 말이었으니, '당아새는 삼키고 또 뱉어내는 새'라는 말은 단어의 운을 의도적으로 뒤섞은 표현이었을 것이다.

1 **신명기 14: 17** 공동번역에서 "정한 새는 어떤 것이든지 먹을 수 있지만 다음과 같은 새는 먹지 못한다. …사다새, 흰독수리, 가마우지… 등이다"라고 옮겼으나, 여기서 가마우지에 해당하는 'charadrios'는 '당아새'에 가까운 것으로 생각된다. 로만어권 국가에서 나온 피지올로구스 판본에는 'charadrios'를 'calandra,' 곧 '종달새'로 잘못 옮기기도 하였다. 오늘날의 당아새는 피지올로구스에 서술된 것처럼 '온통 하얀' 깃털의 새와는 다르다. 그리스도의 속성에 빗대기 위해서 당아새의 색을 의도적으로 바꾸었을 가능성도 있다.

2 **요한 I서** 1: 5 우리가 그분에게서 듣고 그대들에게 전하는 말씀은 이것이다. 곧 하느님은 빛이시고 하느님께는 어둠이 전혀 없다는 것입니다.

3 **요한** 14: 30

4 **베드로 I서** 2: 22 그리스도는 죄를 지으신 일이 없고 그 말씀에도 아무런 거짓이 없었습니다.

5 **마태오** 8: 17 이리하여 예언자 이사야가,
"그분은 몸소 우리의 허약함을 맡아 주시고
우리의 병고를 짊어지셨다"
하신 말씀이 이루어졌다.
이사야 53: 4
그런데 실상 그는 우리가 앓을 병을 앓아 주었으며,
우리가 받을 고통을 겪어 주었구나.
이사야 53: 11
나의 종은 많은 사람의 죄악을 스스로 짊어짐으로써
그들이 떳떳한 시민으로 살게 될 줄을 알고
마음 흐뭇해하리라.
이사야 53: 12
이는 그가 자기 목숨을 내던져 죽은 때문이다.
반역자의 하나처럼 그 속에 끼어
많은 사람의 죄를 짊어지고
그 반역자들을 용서해 달라고 기도한 때문이다.

6 **시편** 68:18 당신께서 포로들을 사로잡아 높은 곳에 오르시니

사람들이 조공을 바쳤고,
반역자들도 야훼 하느님 계신 곳에 찾아왔사옵니다.
에페소 4: 8 성서에도,
“그가 높은 곳으로 올라가면서
사로잡은 자들을 데리고 가셨고
사람들에게 선물을 나누어 주셨다”
라는 말씀이 있지 않습니까?

7 **요한 3: 14**

4

펠리칸(사다새)*

영광스러운 예언자 다윗은 시편에서 "나는 사막의 사다새(펠리칸)와 같으니"라고 말했습니다.[1] 자연학자 피지올로구스는 펠리칸이 새끼를 유난히 아끼는 새라고 말합니다. 새끼들이 깨어나서 제법 꼼지락거릴 무렵이면 어미와 아비의 얼굴을 쪼아 대기 시작합니다. 그러면 어미와 아비 펠리칸은 새끼를 되받아 쪼아서 죽여버립니다. 그러나 새끼를 죽인 행동이 너무 심했다는 자책 때문에 괴로워합니다. 사흘 동안 죽은 새끼에 대한 슬픔에 잠겨 있다가 어미 펠리칸이 새끼들에게 다가갑니다. 어미 펠리칸은 자신의 옆구리 살을 부리로 찢어 벌립니다. 상처에서 흘러나온 어미의 핏방울이 새끼들의 주검 위에 떨어지면 죽은 새끼들이 다시 깨어납니다.

예언자 이사야가 이르되 우리 주께서 이렇게 말씀하셨다고 합니다. "자식이라 기르고 키웠더니 도리어 나에게 반항하는구나."[2] 우리를 내신 이가 주님이신 줄 모르고 우리는 그분의 수족에 못질을 하였습니다. 감히 창조주를 거역하고 우리를 창조하신 한없는 은혜를 배신한 것입니다. 그래서 그분은 십자가에 높이 달리셔서 옆구리의 상처로부터 물과 피를 흘리셨습니다.[3] 자신의 삶과 구원을 이루기 위해서 그렇게 하셨습니다. 피를 흘리신 것은 우리가 잘 아는 대로 쓴잔을 달게 받고 감사의 기도를 올리기 위해서요, 물을 흘리신 것은 죄사함의 세례를 베풀기 위해서입니다.

역자주 4 ———

* 새끼를 유난히 아끼는 펠리칸의 성질은 아일리아누스가 기록하고 있으나 자신의 살을 찢어서 피를 흘리는 자기희생의 면모는 아직 보이지 않는다. 본문의 내용은 이집트의 호라폴로**Horapollo**가 5세기 무렵에 남긴 《히에로글뤼피카***Hiero-glyphica***》에 기록된 펠리칸의 모습과 유사하다. 여기에서 펠리칸이 새끼들을 지키려고 자신의 날개를 태우거나, 독수리의 공격을 받고 제 허벅지 살을 찢어 던지거나, 새끼들에게 자신의 피를 먹여서 살리는 습성 등이 서술되었다. 펠리칸이 옆구리 상처를 벌려서 흘린 피로 죽은 새끼들을 다시 살려내는 주제는 뚜렷한 기독교적 상징성 때문에 피지올로구스의 책에서 가장 사랑받는 내용이 되었다.

1 **시편 102: 7** 라틴 성서의 "Similis factus sum pelicano solitudinis"는 "나는 홀로 있는 펠리칸과 같은 처지가 되었으니"로 옮길 수 있다. 공동번역에는 시편 102: 6의 구절에 해당한다.

2 **이사야 1: 2**
하늘아 들어라, 땅아 귀를 기울여라.
야훼께서 말씀하신다.
"자식이라 기르고 키웠더니
도리어 나에게 반항하는구나."

3 **요한 19: 34** 군인 하나가 창으로 그 옆구리를 찔렀다. 그러자 곧 거기에서 피와 물이 흘러나왔다.

5

올빼미*

다윗은 시편에서 "나는 폐허 속의 올빼미와 같이"라고 말합니다.[1] 자연학자 피지올로구스는 올빼미가 낮보다는 밤을 더 좋아한다고 말하였습니다. 이와 같이 우리 주 예수 그리스도께서도 흑암과 사망의 어둠 가운데 앉아 있던 우리들을 그토록 사랑하셨습니다.[2] 이 말은 하느님 아버지로부터 구원의 약속을 받았던 유다 민족보다도 오히려 이방의 민족을 더 사랑스럽게 여기셨다는 뜻입니다. 그리하여 주님께서 이르시되 "내 어린 양떼들아, 조금도 무서워

하지 말라. 너희 아버지께서는 하늘 나라를 너희에게 기꺼이 주시기로 하셨다"라고 하셨습니다.[3]

율법이 올빼미를 정결하지 못한 짐승으로 정한 것을 의아해할 사람이 있을지 모르겠습니다.[4] 그런데 어찌 주님에 빗댈 수 있겠는가 하는 반문이지요. 그러나 사도 바울이 어떻게 말씀하셨습니까? "우리를 위해서 하느님께서는 죄를 모르시는 그리스도를 죄 있는 분으로 여기셨습니다"라고 하셨습니다.[5] "그가 스스로를 낮춘 것은 우리를 구하고 높이기 위해서라고" 말입니다.[6] 주님께서는 어둠을 사랑하셨습니다. 곧, 유다인들보다 이방인들을 더욱 사랑하셨습니다. 유다인들은 순종하지 않는 마음으로 주님을 미워하고 죽음으로 내몰았습니다. 나는 이렇게 말합니다.

"내 백성이 아니었던 사람들을
내 백성이라 부르겠고,
내 사랑을 받지 못하던 백성을
내 사랑하는 백성이라 부르리라."[7]

자연학자 피지올로구스는 올빼미에 대해서 잘 설명하였습니다.

역자주 5 ———

* 'nycticorax'의 원 뜻은 '밤까마귀' 또는 '올빼미'이다. 루터 성서는 이것을 '올빼미**Käuzchen**'로, 취르허 성서**Zürcher Bibel**에서는 '부엉이**Eule**'로 옮겼다. 밤을 좋아하는 올빼미는 대개 악의 상징으로 이해되지만, 본문에서는 올빼미의 선한 속성이 강조되었다.

1 **시편** 102: 7

2 **이사야** 9: 1-2
어둠 속을 헤매는 백성이 큰 빛을 볼 것입니다.
캄캄한 땅에 사는 사람들에게 빛이 비쳐 올 것입니다.
마태오 4: 16
어둠 속에 앉은 백성이 큰 빛을 보겠고
죽음의 그늘진 땅에 사는 사람들에게 빛이 비치리라.
루가 1: 79
죽음의 그늘 밑 어둠 속에 사는 우리에게
빛을 비추어 주시고
우리의 발걸음을 평화의 길로 이끌어 주시리라.

3 **루가** 12: 32

4 **신명기** 14: 11-16 공동번역에서 "정한 새는 어떤 것이든지 먹을 수 있지만 다음과 같은 새는 먹지 못한다. … 부엉이, 따오기, 백조 … 등이다"라고 하였으나,'nycticoracem'은 '부엉이'가 아니라 '올빼미'로 옮겨야 옳다.

5 **II 고린토** 5: 21

6 **II 고린토 11: 7** 여러분을 높이려고 내가 나 자신을 낮추면서 하느님의 복음을 아무 대가도 받지 않고 여러분에게 전한 것이 죄가 된단 말입니까?

7 이상은 로마서 9: 25이다. 그리고 아래의 인용에 해당한다.

호세아 2: 25

나는 이스라엘을 내 것으로 이 땅에 심으리라.
로루하마를 귀여워해 주고
버린 자식을 "내 자식"이라 하리니,
그제야 입을 열어
"나의 하느님" 하고 부르리라.

I 베드로 2: 10 여러분이 전에는 하느님의 백성이 아니었지만 지금은 하느님의 백성이며 전에는 하느님의 자비를 받지 못했지만 지금은 그분의 자비를 받게 되었습니다.

6

독수리*

거룩한 시편의 저자 다윗은 "네 인생을 독수리같이 젊게 하신다" 하고 노래합니다.[1] 자연학자 피지올로구스는 독수리의 성질을 이렇게 설명합니다. 독수리가 나이가 들어서 늙으면 날갯짓이 무겁고 시력이 흐려집니다. 그때 독수리는 어떻게 할까요? 우선 맑은 물이 솟구치는 샘을 찾아 나섭니다. 그리고 태양이 내뿜는 빛발 속으로 날아 올라가서 자신의 낡은 깃털을 깡그리 태우고 눈에 드리운 어둠을 말끔히 벗겨냅니다. 그리고 나서 샘으로 날아 내려와 세 차례 몸을 담그면 독수리는 새로워지고 젊음을 회복합니다.

그러므로 그리스도의 제자요, 교회의 한 분깃인 그대여. 만약 그대가 낡은 인간의 옷을 아직 벗지 못하였다면, 그리고 그대 마음의 눈이 흐려져 있다면, 성령의 샘을, 곧 그리스도의 말씀을 찾아 나서십시오. "생수가 솟는 샘인 나를 버리고 갈라져 새기만 하여 물이 괴지 않는 웅덩이를 팠다"라는 말씀이 있지 않습니까.[2] 그 다음에 공의로운 태양이신 예수 그리스도를 향해서 힘껏 날아오르십시오. 낡은 인간과 구태의 행위들을 훌훌 벗어 던지고 영원히 샘솟는 참회의 샘물 속에 성부와 성자와 성령의 이름으로 그대의 몸을 세 차례 담그십시오.[3] 낡은 인간을 벗어 던지고 하느님의 모습대로 빚어진 새로운 인간을 걸쳐 입으십시오. 그리하면 "독수리 같은 젊음을 되찾아 주신다"는 다윗의 예언이 온전히 이루어질 것입니다.

역자주 6 ———

* 늙은 독수리가 젊음을 회복하는 이야기는 시편 103:5에서 비롯하지만 고대 문헌에서 비슷한 선례를 찾기는 어렵다. 후대의 피지올로구스 판본에 첨가된 독수리의 두 가지 성질은, 첫째 태양을 마주보면서 자신의 눈에 끼었던 백태를 벗겨내고, 둘째 늙으면서 점점 구부러지고 길게 자라나는 부리 때문에 굶주림을 면할 수 없던 독수리가 높은 곳에서 날아 내려와 부리 끝을 바위에 쳐서 떼어낸다는 내용이다. 이 내용은 아우구스티누스가 시편 103:5을 설명하면서 덧붙인 주석과 완전히 일치한다. 독수리가 늙어갈수록 부리가 구부러지고 길게 자라나서 불편을 겪는 이야기는 아리스토텔레스도 기록하고 있지만, 그 문제를 어떻게 해결하는가에 대해서는 침묵한다. 중세기의 피지올로구스 판본에 자주 등장하는 내용 가운데 새끼들을 시험하는 독수리의 성질이 흥미롭다. 독수리가 새끼들에게 태양을 정면으로 응시하도록 한 다음에 눈을 깜빡이거나 눈물을 흘리는 놈을 가려서 쫓아낸다는 것이다. 이 내용은 아리스토텔레스·아일리아누스·플리니우스 등의 고전 문헌에서도 반복되어 나타난다.

1 **시편 103: 5**
네 인생에 복을 가득 채워 주시어
독수리 같은 젊음을 되찾아 주신다.

2 **예레미아 2: 13**
나의 백성은 두 가지 잘못을 저질렀다.
생수가 솟는 샘인 나를 버리고
갈라져 새기만 하여 물이 괴지 않는 웅덩이를 팠다.
말라기 3: 20 공동번역에서 "그러나 너희는 내 이름 두려운 줄 알고 살았으니, 너희에게는 승리의 태양이 '비쳐와' 너희의 병을 고쳐 주리라"라고 옮겼으나, 라틴 성서의 "Et orietur vobis timentibus meum sol iustitiae et sanitas in pinnis eius"는 "나의 이름을 두려워하는 너희들에게 공의의 태양이 '떠오르리라.' 그리고 태양의 빛살 안에서 건강이 돌아오리라"라고 옮길 수 있다.

3 **마태오** 28: 19 그러므로 너희는 가서 이 세상 모든 사람들을 내 제자로 삼아 아버지와 아들과 성령의 이름으로 그들에게 세례를 베풀고

7

피닉스*

우리 주 예수 그리스도는 복음서에서 이렇게 말씀하셨습니다. "나에게는 목숨을 바칠 권리도 있고 다시 얻을 권리도 있다."[1] 그러나 유다인들은 이 말씀을 탐탁지 않게 여겼습니다.

인도에 가면 피닉스라는 새가 실제로 있다고 합니다. 공작새보다 더 고운 때깔을 가진 새라고 합니다. 공작새는 초록색과 황금색을 자랑할 따름이지만, 피닉스는 하얀 히야킨투스와 붉은 에메랄드와 진귀한 보석의 눈부신 광

채를 지니고 있을 뿐더러 머리 위에는 관을 얹었고 두 발로 구슬을 움켜쥐고 있어서 흡사 제왕의 위용을 방불케 하기 때문입니다.

피닉스는 오백 년마다 한 차례씩 레바논의 삼나무 숲으로 날아가서 자신의 날개를 좋은 향기로 가득 채운 다음에, 파모노트 혹은 파르무트라고 부르는 새 달이 되면 태양의 도시를 섬기는 사제장 앞에 자신의 자태를 드러냅니다. 피닉스를 발견한 사제장은 제단으로 나아가서 포도나무 줄기를 높다랗게 쌓아올립니다. 태양의 도시에 당도한 피닉스는 아득히 충만한 향기를 내뿜으면서 제단 위에 자리를 잡고 앉습니다. 이내 불길이 타올라서 그의 자태를 사르면 피닉스는 스스로의 육신을 버리고 맙니다. 이튿날 제단을 살피던 사제장은 잿더미 속에서 구더기를 한 마리 발견합니다. 다시 하루가 지나면 구더기에서 날개가 돋아나고 어린 새끼 새의 형용이 자라납니다. 사흘째가 되면 그곳으로 날아왔던 피닉스의 본디 모습이 제대로 갖추어집니다. 사제장에게 위엄 있게 제배를 올린 피닉스는 훌쩍 날아올라서 옛 보금자리가 있는 고향으로 돌아갑니다.

피닉스에게는 자신의 목숨을 바치기도 하고 도로 얻기

도 하는 권능이 있습니다. 우리의 주님 예수 그리스도께서 "나에게는 목숨을 바칠 권리도, 다시 얻을 권리도 있다"라고 하신 말씀을 두고 대수롭지 않게 여기는 자가 있다면 실로 어리석은 사람입니다.

피닉스는 구세주의 형용을 가지고 있습니다. 아득히 충만한 향기를 내뿜으며 하늘에서 내려오신 것이 그러합니다. 충만한 향기는 구원으로 이끄는 하느님의 말씀을 뜻합니다. 말씀과 더불어 우리는 기도할 때 두 팔을 힘껏 뻗으면서 성령의 향기를 높은 곳으로 떨칩니다. 질서가 바르게 선 교회는 이처럼 기도를 통해서 하나가 됩니다. 자연학자 피지올로구스는 피닉스에 대하여 잘 설명하였습니다.

역자주 7 ———

* 피닉스 신화는 헤로도토스(II 73) 이후 다양한 내용의 변화를 겪으면서 여러 문헌에 전해진다. 신화의 기원은 이집트의 새 '벤누**bennu**'에서 비롯한 것으로 보인다. 그 후 피지올로구스에 의해 수용되었을 것이다. 아라비아와 극동 지역의 전설이 작용하였을 가능성도 크다. 로마 시대의 문헌으로는 마르티알리스(5. 7), 스타티우스(silvae 2. 4), 플리니우스(N.H. 10. 4), 오비디우스 (Metam. 15,382)가 중요하다. 특히 타키투스(ann. 6. 28)의 기록에 따르면, 티베리우스 황제 재위기인 34년에 피닉스가 출현하였다고 전한다. 스스로의 육신을 태움으로써 새롭게 태어나는 불새 피닉스의 신화는 중세 기독교 시대에 펠리칸이나 일각수의 신화와 더불어 널리 사랑받았다. 락탄티우스와 클라우디아누스가 피닉스를 주제로 지은 시가 잘 알려져 있다.

1 **요한** 10: 18

8

후투티*

율법에 이르기를, "아버지나 어머니를 업신여기는 자는 반드시 사형에 처하여야 한다"라고 하였습니다.[1] 그런데도 아버지나 어머니에게 손찌검을 할 인간이 과연 있겠습니까?

후투티라는 새가 있습니다. 새끼들이 자라나면 부리를 가지고 늙은 부모새들의 낡은 깃털을 일일이 솎아드립니다. 그런가 하면 혀를 내밀어 눈을 씻어드리고 날갯죽지를 펼쳐서 포근하게 보듬어드리기도 합니다. 그러면 부모새들은 다시 젊어져서 청춘을 회복합니다. 새끼들은 부모새들에게 이렇게 말합니다. "우리를 키우시느라 애쓰셨으니 이제는 부모님이 우리에게 베풀어주신 대로 우리가 부모님의 은덕에 보답할 차례입니다."

한갓 날짐승이 그러할진대 저를 낳아주신 부모님을 사랑으로 공경하지 않는 돼먹지 않은 인간이 세상에 어디 있겠습니까?

역자주 8 ———

* 부모를 극진히 돌보는 새에 관한 이야기는 여러 가지가 전해진다. 기원전 7세기 후반의 그리스 희곡 시인 알크만(Alcman, Alcmaeon)은 물총새를 효도새로 꼽았고, 아리스토파네스는 그의 작품 〈새〉 472 행과 1353 행에서 볏부리 종달새와 황새에게 그런 속성이 있다고 기록한다. 이에 비해 아리스토텔레스·아일리아누스·플리니우스는 딱따구리에게 부모를 공경하는 습성이 있다고 보았다. 후투티가 효도새로 등장하는 것은 아일리아누스(10. 16과 16. 5)의 기록이 처음이지만 인도에서만 서식한다고 썼다. 피지올로구스가 서술한 후투티의 내용과 가장 가까운 것은 호라폴로(I 55)의 기록이다.

1 **마태오** 15: 4 하느님께서는 '부모를 공경하라'고 하셨고, 또 '아버지나 어머니를 욕하는 자는 반드시 사형을 받아야 한다'고 하셨다.
마르코 7: 10 모세가 '부모를 공경하라'고 하였고 또 '아버지나 어머니를 욕하는 자는 반드시 사형을 받는다'고 하였는데
출애굽기 20: 12 너희는 부모를 공경하여라. 그래야 너희는 너희 하느님 야훼께서 주신 땅에서 오래 살 것이다.
출애굽기 21: 17 부모를 업신여기는 자는 반드시 사형에 처하여야 한다.
레위기 20: 9 누구든지 자기 부모에게 악담하는 자는 반드시 사형을 당해야 한다. 그 부모에게 악담하였으니 피를 흘리고 죽어야 마땅하다.
신명기 27: 16 '아비나 어미를 업신여기는 자에게 저주를' 하면, 온 백성은 '아멘' 하여라.
위에 열거한 인용들에서 '욕하는', '업신여기는', '악담하는'으로 번역된 것은 모두 'maledixerit'을 옮긴 말이다.

9

들나귀*

욥기에 이르되,

"그 누가 들나귀들을 풀어 놓아

그것들을 자유롭게 하여 주었느냐?"

라고 하였습니다.[1]

암나귀가 몸을 풀 시기가 되면 아비 종마가 갓난 새끼들을 차례차례 살핍니다. 그러다가 만약 그 가운데 수컷이 있으면 그놈의 고환을 물어뜯습니다. 훗날 새끼가 커서라도 정자를 만들지 못하게 하려는 것이지요. 이 광경을 보고 페르시아 사람들이 환관을 내는 법을 배웠다고 합니다.

구약의 족장들은 육신의 씨를 퍼뜨리기 위해서 노력하였습니다. 신약의 사도들은 오히려 금욕을 실천하였습니다. 성령의 자식들로서 성령의 역사하심을 입었기 때문입니다. 그리하여 다음과 같이 성서에 기록된 대로 하늘의 씨를 구하려 하였습니다.

"즐거워하여라. 아기 못 낳는 여인이여,
소리 높여 외쳐라.
해산의 고통을 모르는 여인이여,
홀로 사는 여인의 자녀가
남편 있는 여인의 자녀보다 더 많으리라."[2]

자연학자 피지올로구스는 들나귀에 대해서 잘 설명하였습니다. 정결의무를 지키는 일은 상찬을 받아 마땅합니다. 그러나 스스로 마음먹은 금욕과 지혜로부터 비롯되어야지, 신체를 훼손하여 강제하는 금욕은 오히려 처벌을 면하지 못할 것입니다. 그러기에 주님께서 복음서에서 이렇게 말씀하셨습니다. "그것은 아무나 할 수 있는 일이 아니다. 다만 하느님께서 허락하신 사람만이 할 수 있다. 처음부터 결혼하지 못할 몸으로 태어난 사람도 있고, 사람의 손으로 그렇게 된 사람도 있고, 또 하늘 나라를 위하여 스스로 결혼하지 않는 사람도 있다. 이 말을 받아들일 만한 사람은 받아들여라."[3]

역자주 9 ———

* 들나귀 이야기는 앞서 다룬 기록 가운데 아리스토텔레스(Mir. Ausc. 10)의 기록과 비교할 만하다. 피지올로구스와 가장 가까운 기록은 플리니우스의 박물지(N.H. 8. 108)에서 발견된다. 아파메이아의 오피아누스가 남긴 기록(Kyneg. 3 197 부터)도 피지올로구스와 비슷하다.

1 **욥기** 39: 5

2 **갈라디아** 4: 27 '홀로 사는 여인'은 갈라디아서와 이사야서에서 모두 'desertae'를 옮긴 것으로, '버림받은 여인들' 혹은 '소박맞은 여인들'로 옮길 수 있다.

이사야 54: 1

환성을 올려라, 아기를 낳아 보지 못한 여인들아!
기뻐 목청껏 소리쳐라, 산고를 겪어 본 적이 없는 여자야!
소박맞은 여인의 아들이
유부녀의 아들보다 더 많구나.

3 **마태오** 19: 12 라틴 성서의 "Sunt enim eunuchi qui de matris utero sic nati sunt et sunt eunuchi qui facti sunt ab hominibus et sunt eunuchi qui se ipsos castraverunt propter regnum caelorum qui potest capere capiat"는 "그러므로 어미의 자궁에서 거세된 몸으로 난 이들이 있는가 하면 사람들에 의해서 거세된 이들도 있고, 또 하늘 나라를 위하여 제 스스로 거세한 이들도 있다. 이해할 만한 이는 이해할 것이다"로 옮길 수 있다.

10

살무사*

세례 요한이 바리사이파 사람들에게 "이 독사의 족속들아! 닥쳐올 그 징벌을 피하라고 누가 일러주더냐?"라고 말한 것은 참 적절하였습니다.[1]

자연학자 피지올로구스는 에키드나에 대해서 이렇게 설명합니다. 수컷은 남자, 암컷은 여자의 자태를 지녔으나, 배꼽까지는 사람의 형상을 하고 아랫도리는 악어의 몸뚱이가 달렸습니다. 암컷의 사타구니를 보면 음문이 없고 다만 바늘귀가 나 있을 뿐입니다. 수컷이 암컷과 짝짓기를 할 때면 암컷의 입에 씨를 흘려 넣습니다. 암컷은 씨를 삼키다가 돌연히 수컷의 사타구니를 물어뜯으니, 수컷은 이내 죽고 맙니다.

새끼들은 어미의 배를 양분으로 삼고 자라나서 이윽고 뱃가죽을 찢고 기어 나옵니다. 어미는 죽고 새끼들만 살아남을 뿐입니다. 결국 수컷과 암컷 새끼가 한 마리씩 살아남습니다.

세례 요한이 바리사이파 사람들을 두고 어미와 아비를 죽이고 태어나는 독사에 빗댄 것은 참 적절합니다. 에키드나가 어미와 아비를 죽이는 것과 마찬가지로 이들은 영적인 부모에 맞먹는 예언자들과 사도들을 살해하였기 때문입니다. 심지어 우리 주 예수 그리스도를 죽이고 교회를 박해하기까지 하였습니다.

우리의 아버지와 어머니, 곧 주님과 교회는 영원 세세토록 살아남을 것입니다. 그러나 영생은 죽음을 통하여 이루어졌습니다. 자연학자 피지올로구스는 살무사에 대해서 잘 설명하였습니다. 세례 요한이 "닥쳐올 징벌을 피하라고 누가 일러주더냐?"라고 한 말도 참 적절하였습니다.

역자주 10 ———

* 살무사의 수태와 태생에 관한 이야기는 헤로도토스(III 109) 이후 여러 문헌에서 전해진다. 암컷이 짝짓기를 하던 도중에 수컷을 물어 죽이는 내용은 어디에나 공통적으로 등장한다. 이는 헤시오도스(신통기 297부터)와 헤로도토스(IV 5) 등에 등장하는 전설의 괴물 '에키드나**Echidna**'의 습성과 흡사하다. 암컷이 입으로 씨를 삼키는 내용도 전설의 괴물과 일치한다. 살무사의 새끼들이 어미의 배를 찢고 나온다는 기록은 아리스토텔레스의 관찰이 뒷받침한다(H.A. 558 a 29). 아마도 피막을 물어뜯고 나오는 새끼들의 모습을 보고 기록하였을 것이다. 플리니우스(N.H. 10. 170)도 비슷한 관찰을 남겼다.

1 **마태오** 3: 7
루가 3: 7

11
뱀*

주님께서 복음서에서 이르시되, “너희는 뱀처럼 지혜롭고 비둘기처럼 온순하여라” 하고 말씀하셨습니다.[1]

자연학자 피지올로구스는 뱀에게 뱀다운 특징이 네 가지 있다고 설명합니다. 첫째는 이렇습니다. 뱀이 늙으면 눈이 어두워져서 아무것도 보지 못하게 됩니다. 이때 뱀은 어떤 행동을 취할까요? 다시 젊어지려는 작정으로 뱀은 주저하지 않고 꼬박 사십 일 동안 낮과 밤을 아무것도 입에 대지 않고 굶습니다. 그리고 나면 비로소 껍질이 헐

거워집니다. 그 다음에 뱀이 틈새가 좁게 벌어진 바위를 찾아서 그 사이로 지나가면, 몸뚱이가 부딪치면서 낡은 껍질이 벗겨지고 새로운 젊음을 얻게 됩니다.

그러므로 그대여, 죄악의 낡은 거죽을 벗고 싶다면 단식과 정결의 좁은 길을 통하여 그대의 육신을 털어버리십시오. 생명에 이르는 문은 좁고 또 그 길이 험하기 때문입니다.[2] 그리하면 그대의 노년은 어느새 청년으로 바뀌고 구원이 그대를 기다릴 것입니다.

이처럼 자연학자 피지올로구스는 뱀에 대해서 잘 설명하였습니다.

뱀의 둘째 특징은 이렇습니다. 목마른 뱀이 목을 축이려고 샘으로 나아갈 때 품고 있던 독은 동굴에 떼어두고 지참하지 않습니다.

우리도 이와 같이 영원히 마르지 않고 변하지 않는 샘, 하늘 나라의 거룩하고 성스러운 비밀로 가득한 샘, 곧 교회로 달려갈 때 사악한 마음을 지니고 가서는 안 될 것입니다.[3] 다투었던 자와 서둘러 화해하고 평화가 넘치는 마음으로 교회의 문턱을 들어서야 합니다.[4] 그렇지 않은 사람이 있다면 그는 주님의 말씀이 의미하는 바를 깨닫지 못하고 그저 먹고 마시며, 그렇게 먹고 마심으로써 자기

자신을 단죄하는 것입니다.[5]

뱀의 셋째 특징은 이렇습니다. 사람과 만났을 때 만약 아무것도 걸치지 않은 알몸인 것을 보면 두려워서 몸을 피합니다. 그러나 옷을 입은 사람에게는 도리어 달려드는 성질이 있습니다. 이와 같이 우리도 벌거숭이일 때의 모습을 생각해 봅시다. 우리의 선조 아담이 낙원에서 알몸으로 있었을 때에는 원수가 아무런 기운을 쓰지 못하였고, 인간을 나락에 빠뜨릴 수도 없었던 것과 같습니다.

그러므로 그대여, 만약에 낡은 인간의 의복을 아직 청산하지 못하고 사악한 행위를 벗삼아 어느새 나이가 들게 되었다면 원수는 그대를 보고 대번에 달려들 것입니다.[6] 그러나 그대가 사악함을 떨쳐버리고 아무것도 걸치지 않은 벌거숭이가 된다면 원수는 그대를 두려워하여 달아날 것입니다.

뱀의 넷째 특징은 이렇습니다. 사람이 뱀을 반드시 잡아죽일 작정으로 모질게 마음먹고 다가가면 뱀도 죽을 각오로 제 몸뚱이를 온전히 던집니다. 그러나 뱀의 머리만은 다치지 않게 사려 둡니다. 이와 같이 우리도 극심한 박해의 시기에 기꺼이 육신을 던져서 죽음에게 내어 줍니다. 그러나 머리만은 다치지 않도록 해야 합니다. 신앙을 버리고 그리스도를 부정할 수는 없기 때문입니다. 주님을 직접 목격하였던 증인들과 사도들도 그렇게 하셨습니다. 모든 사람의 머리는 다름 아닌 우리 주 예수 그리스도이기 때문입니다.[7]

역자주 11 ———

* 뱀의 첫째 특징인 허물벗기에 관해서는 아리스토텔레스·아일리아누스·플리니우스의 기록이 남아 있다. 피지올로구스가 열거하는 뱀의 둘째와 셋째 특징에 대해서는 고대 문헌에서 상응하는 기록이 확인되지 않았다. 뱀의 마지막 특징에 관해서는 아리스토텔레스(de part. anim. II p.691 b 32)와 베르길리우스(georg. III 422)의 기록을 비교할 수 있다. 옷을 입었을 때보다 알몸 상태에서 해악이나 나쁜 기운을 효과적으로 물리칠 수 있다는 믿음은 고대 그리스 사상과 연관되었을 것이다. 피지올로구스의 구원사상은 특히 마지막 심판에서 인간의 영혼은 알몸이 되어야 한다는 플라톤의 주장(Gorgias 523 E)과 근사하다. 피지올로구스가 첫머리에 인용한 '뱀처럼 지혜롭고'의 표현은 마태오에서 나왔고, 뱀이 허물을 벗기 위해서 사십 일 동안 단식하는 이야기도 예수의 단식 사건을 기록한 마태오 4:2의 내용을 염두에 둔 것이다. 나아가서 광야에서 야훼와 함께 사십 주야를 보내며 빵과 물을 멀리한 모세(출애굽기 34:28), 그리고 사십 일 동안 밤낮으로 걸어서 하느님의 산 호렙에 이르렀던 엘리야(열왕기 상 19:8)와 비교할 수 있다.

1 **마태오 10: 16** 라틴 성서의 "Estote ergo prudentes sicut serpentes et simplices sicut simplices sicut columbe"는 "그러므로 너희는 뱀처럼 지혜롭고 비둘기처럼 단순하여라"로 옮길 수 있다. 'simplex'는 '어리석다'와 '솔직하다'라는 두 가지 뜻이 있으나, 뱀과 비둘기의 대비적 대구로 미루어 '지혜로운' 뱀의 속성에 반하는 '어리석은' 비둘기의 이미지를 겨냥하였을 것으로 보인다.

2 **마태오 7: 13-14** 좁은 문으로 들어가거라. 멸망에 이르는 문은 크고 또 그 길이 넓어서 그리로 가는 사람이 많지만 생명에 이르는 문

은 좁고 또 그 길이 험해서 그리로 찾아드는 사람이 적다.

3 **요한** 4: 13-14 "이 우물물을 마시는 사람은 다시 목마르겠지만 내가 주는 물을 마신 사람은 영원히 목마르지 않을 것이다. 내가 주는 물은 그 사람 속에서 샘물처럼 솟아올라 영원히 살게 할 것이다."

4 **마태오** 5: 23-24 그러므로 제단에 예물을 드리려 할 때에 너에게 원한을 품고 있는 형제가 생각나거든 그 예물을 제단 앞에 두고 먼저 그를 찾아가 화해하고 나서 돌아와 예물을 드려라.

5 I **고린토** 11: 29 주님의 몸이 의미하는 바를 깨닫지 못하고 먹고 마시는 사람은 그렇게 먹고 마심으로써 자기 자신을 단죄하는 것입니다.

6 **에페소** 4: 21-24 그리스도 예수 안에는 진리가 있을 따름인데 여러분이 그의 가르침을 그대로 듣고 배웠다면 옛 생활을 청산하고 정욕에 말려들어 썩어져 가는 낡은 인간성을 벗어 버리고 마음과 생각이 새롭게 되어 하느님의 형상대로 창조된 새 사람으로 갈아입어야 합니다. 새 사람은 올바르고 거룩한 진리의 생활을 하는 사람입니다.

골로사이 3: 9-10 그리고 거짓말로 서로 속이지 마십시오. 여러분은 옛 생활을 청산하여 낡은 인간을 벗어버렸고 새 인간으로 갈아입었기 때문입니다. 새 인간은 자기 창조주의 형상을 따라 끊임없이 새로워지면서 참된 지식을 가지게 됩니다.

7 I **고린토** 11: 3 모든 사람의 머리는 그리스도요, 아내의 머리는 남편이요, 그리스도의 머리는 하느님이시라는 것을 알아두시기 바랍니다.

12

개미*

솔로몬이 잠언에서 이르되, "게으른 자는 개미에게 가서 그 사는 모습을 보고 지혜를 깨쳐라"라고 하였습니다.[1] 자연학자 피지올로구스는 개미를 두고 개미다운 특징이 세 가지 있다고 설명합니다.

개미의 첫째 특징은 이렇습니다. 개미가 줄지어 행진할 때 제각기 낟알을 하나씩 입에 물고 나릅니다. 아무것도 물지 않은 개미가 마주오는 다른 개미더러 부스러기를 나누어달라고 조르는 일이 없을 뿐더러 억지로 빼앗는 일은 더더욱 없습니다. 다만 묵묵히 제 갈 길을 서두르면서 스스로 할 일을 다할 따름입니다. 현명한 처녀와 어리석은 처녀들에 관한 이야기에서도 사정은 마찬가지입니다.[2]

개미의 둘째 특징은 이렇습니다. 개미가 밀알을 흙 속에 묻어 둘 적에는 낱알을 모조리 반쪽으로 쪼개어 놓습니다. 겨울을 나면서 습한 기운을 먹은 낱알이 싹을 틔우게 되면 개미가 먹을 양식이 없어서 굶어 죽기 십상이기 때문입니다.

그러므로 그대는 구약 성서의 말씀을 묵상하면서 말씀을 그대의 영혼으로부터 얼마만큼 거리를 떼어두기 바랍니다. 그렇지 않으면 말씀의 문자가 그대를 죽음에 이르게 할 것입니다. 사도 바울이 이르되, "하느님의 계약은 문자로 된 것이 아니라 성령으로 된 것이라" 하셨습니다.[3] 헐벗은 문자에 얽매였던 유다인들은 기근으로 몰살하였고, 스스로 살인의 죄악을 범하고 말았습니다.

개미의 셋째 특징은 이렇습니다. 개미 떼는 때때로 들판으로 나아가서 곡식줄기를 타고 오르며 낱알을 훔칩니다. 곡식줄기를 타고 오르기 전에 냄새를 맡아 보고 이삭에 밀알이 달렸는지 보리가 달렸는지 짐작합니다. 개미는 보리를 거들떠보지 않고 곧장 밀알이 달린 곳으로 달려가서 낟알을 떼어 냅니다. 보리는 가축이 먹는 사료로나 쓰이기 때문입니다. 욥은 이렇게 말합니다. "밀 대신에 보리가 나는 것이 마땅합니다."[4]

그러므로 그대는 가축의 사료로 쓰이는 쭉정이를 버리고 밀알을 택하십시오. 밀알은 곳간에 들여서 간직하는 곡식입니다.[5] 쭉정이는 거짓된 믿음의 교리를 빗댄 것이요, 밀알은 그리스도에 대한 바른 믿음을 빗댄 것입니다.

역자주 12

* 개미가 열을 지어서 행진할 때, 가는 행렬과 오는 행렬이 마주치지 않는다는 사실은 아리스토텔레스·아일리아누스·플리니우스가 모두 전하는 바와 같다. 그러나 "밀 대신에 보리가 나도록 해달라"는 욥의 인용은 성서의 잘못된 이해에서 나온 것으로 보인다. 성서에는 "밀 대신에 쇠비름이 자라고, 보리 대신에 엉겅퀴가 자라도록 하십시오"라고 기록되어 있다. 그러므로 "밀 대신에 쭉정이가 나도록 하십시오"라고 표현해야 옳을 것이다.

1 **잠언** 6: 6-8
게으른 자는 개미에게 가서
그 사는 모습을 보고 지혜를 깨쳐라.
개미는 우두머리도 없고
지휘관이나 감독관이 없어도
여름 동안 양식을 장만하고
추수철에 먹이를 모아들인다.

2 **마태오** 25: 8 "미련한 처녀들은 그제야 슬기로운 처녀들에게 '우리 등불이 꺼져가니 기름을 좀 나누어다오' 하고 청하였다."

3 **II 고린토** 3: 6 우리로 하여금 당신의 새로운 계약을 이행하게 하셨을 따름입니다. 이 계약은 문자로 된 것이 아니고 성령으로 된 것입니다. 문자는 사람을 죽이고 성령은 사람을 살립니다.

4 공동번역에는 본문 내용이 누락되었다. 한글개역 성경 욥 31: 39-40에는 "언제 내가 값을 내지 않고 그 소산물을 먹고 그 소유주로 생명을 잃게 하였던가. 그리 하였으면 밀 대신에 찔레가 나고 보

리 대신에 잡풀이 나는 것이 마땅하니라"로 되어 있다.

5 **마태오** 3: 12 그분은 손에 키를 드시고 타작마당의 곡식을 깨끗이 가려 알곡은 모아 곳간에 들이시고 쭉정이는 꺼지지 않는 불에 태우실 것이다.

마태오 13: 30 "추수 때까지 둘 다 함께 자라도록 내버려 두어라. 추수 때에 내가 추수꾼에게 일러서 가라지를 먼저 뽑아서 단으로 묶어 불에 태워버리게 하고 밀은 내 곳간에 거두어들이게 하겠다"고 대답하셨다.

13

시레네와 켄타우로스*

예언자 이사야는 이렇게 말하였습니다. "도깨비와 시레네와 두더쥐가 바빌로니아에서 춤추며 뛰어놀 것이다."[1]

자연학자 피지올로구스는 시레네와 켄타우로스에 대하여 이렇게 설명합니다.

시레네는 바다에 살면서 죽음을 부르는 존재입니다. 그러나 뮤즈의 여신들처럼 곱고 달콤한 목소리로 노래합니다. 뱃길을 가다가 시레네가 부르는 노래를 듣는 사람은 제풀에 바다에 몸을 던져서 죽음을 택하고 맙니다. 머리에서 배꼽까지의 상체는 여자의 몸뚱이요, 나머지 몸체는 새의 형상을 하고 있습니다.

켄타우로스도 시레네와 비슷해서 위쪽 반신은 사람의 자태이지만 가슴께 아래쪽으로 반신은 말의 형상을 하고 있습니다.

이와 같이 인간은 누구든지 또 어떤 길을 가든지 두 가지 면모를 가지고 있습니다.[2] 어떤 이들은 다른 교우들과 어울리는 교회 안에서 겉으로는 은혜로운 종교생활을 하는 듯이 보이겠지만 사실은 종교의 힘을 부인합니다.[3] 교회 안에서는 인간답게 행동하지만 저 혼자 있을 때에는 짐승과 같아지는 이들입니다.

이들은 시레네나 켄타우로스에 비해서 조금도 다르지 않습니다. 앞뒤가 맞지 않는 모순 덩어리인데다 조롱거리밖에 되지 않는 이단의 모습을 하고 있기 때문입니다. 짐짓 그럴싸한 언변을 구사하면서 순진한 사람들의 마음을 유혹하는 것도 시레네와 매한가지입니다.[4] 사악한 언변은 좋은 행실을 더럽히는 법입니다.[5]

자연학자 피지올로구스는 시레네와 켄타우로스에 대해서 잘 설명하였습니다.

역자주 13 ———

* 시레네는 호메로스의 서사시 오디세이아(12. 44)에 등장한다. 오비디우스(Metam. 5. 552)도 시레네에 관한 기록을 남기고 있다. 피지올로구스에 따르면 반인반수의 괴물 켄타우로스는 하반신이 말의 형상을 한 히포켄타우로스**Hippokentauros**와 나귀의 형상을 한 오노켄타우로스**Onokentauros**의 두 종류가 있다. 시레네와 오노켄타우로스가 결합하는 경우는 알렉산더 로맨스(Ps.-Kallisthenes P., II 42)에서도 찾아볼 수 있다.

1 **이사야 13: 21-22** 공동번역에서는
"들짐승들이 뒹굴고
사람 살던 집에서 부엉이가 우글거리며
타조들이 깃들이고 들귀신들이 춤추는 곳이 되리라.
이리가 텅 빈 저택에서 부르면
화려하던 궁궐에서 승냥이의 소리가 메아리쳐 오리라"
라고 옮겨졌다. 한글개역 성경에는 "오직 들짐승들이 거기 엎드리고 부르짖는 짐승이 그 가옥에 충만하며 타조가 거기 깃들이며 들양이 거기서 뛸 것이요, 그 궁성에는 시랑이 부르짖을 것이요 화려한 전에는 들개가 울 것이라"라고 옮겨졌다. 여기서 '타조' 혹은 '시랑'은 라틴 성서의 'sirenae'를 옮긴 말이다.

2 **야고보서 1: 8** 한글개역 성경에는 "두 마음을 품어 모든 일에 정함이 없는 자로다"로 되어 있다.

3 **II 디모테오 3: 5** 겉으로는 종교생활을 하는 듯이 보이겠지만 종교의 힘을 부인할 것입니다. 이런 자들을 멀리 하시오.

4 **로마서** 16: 18 그런 자들은 우리 주 예수 그리스도를 섬기는 것이 아니라 자기네 뱃속을 채우고 있으며 그럴 듯한 말과 아첨하는 언사로 순진한 사람들의 마음을 유혹하고 있는 것입니다.

5 I **고린토** 15: 33 속지 마십시오. "나쁜 친구를 사귀면 품행이 나빠집니다."

14

고슴도치*

자연학자 피지올로구스는 고슴도치의 생김새가 공처럼 동그랗고 온몸에는 가시가 빽빽하게 돋아 있다고 설명하였습니다. 고슴도치는 먹이를 이렇게 구합니다. 포도원 언덕에 올라가 포도넝쿨을 기어오릅니다. 그리고 나서 포도알을 따서 땅으로 던집니다. 다시 나무에서 내려온 고슴도치가 이번에는 몸뚱이를 동그랗게 말고 땅바닥을 한 차례 구르면 온몸의 가시에 포도알이 총총히 박힙니다. 고슴도치는 이런 방법으로 새끼들에게 먹이를 구해 줍니다. 고슴도치가 한차례 휩쓸고 지나가면 포도원에 수확할 열매가 남아나지 않습니다.

교회의 한 분깃인 그대여. 진실되고 영적인 포도나무에 꼭 붙어 있도록 하십시오.[1] 그대는 부디 포도 열매의 신성한 즙이 되어서 왕궁에 남아 있다가 그리스도의 신성한 옥좌에 이르도록 하십시오. 고슴도치는 악령이니, 그대의 가슴을 타고 올라오도록 해서는 안 됩니다. 고슴도치가 지나가고 나면 포도나무에 수확할 것이 없을 것이요, 그대 몫의 포도송이도 남지 않을 것입니다.

역자주 14 ———

* 플리니우스(N.H. 8. 133)와 아일리아누스(3. 10)는 고슴도치가 먹이를 구하는 방법에 대해서 비슷하게 서술하고 있는데, 포도알 대신 사과나 무화과를 취한다고 썼다. 고대 문헌에서 고슴도치는 일반적으로 새끼를 극진히 보살피는 자식 사랑의 본보기로 등장한다. 악한 습성은 고슴도치의 상징에서 낯선 것이다.

1 **요한 15: 1** 나는 참 포도나무요, 나의 아버지는 농부이시다.

15

여우*

주님께서 율법학자들에게 이르시되, "여우도 굴이 있고 하늘의 새도 보금자리가 있다"라고 하셨습니다.[1] 솔로몬은 아가서에서,

"여우 떼를 잡아주셔요.

꽃이 한창인 우리 포도밭을 짓밟는

새끼 여우 떼를 잡아주셔요"

라고 노래하였습니다.[2] 그리고 다윗은 시편에서 이르기를, "나를 잡으러 뒤쫓는 자들은 여우의 밥이 되리이

다"라고 하였습니다.[3]

자연학자 피지올로구스는 여우를 두고 약아빠진 짐승이라고 말합니다. 여우가 먹이를 찾지 못하여 몹시 굶주리면 약삭빠른 꾀를 내어서 사냥감을 노립니다. 한적한 곳에다 날콩이나 왕겨 따위를 뿌려두고 저는 두 다리를 하늘로 뻗은 채 드러눕습니다. 눈동자를 허옇게 까뒤집고 마치 숨이 넘어가는 것처럼 식식거리면서 기다립니다. 죽어가는 여우를 발견한 새들이 마음놓고 날아 내려와서 흩어진 먹이 부스러기를 쪼아먹습니다. 그 순간을 놓치지 않고 여우가 벌떡 일어나 두 발로 새를 움켜쥐고 이빨로 뜯어먹습니다.

마귀도 이와 같이 음흉한 계략과 술책으로 조화를 부립니다. 그러므로 누구든지 마귀와 살을 나누려고 한다면 반드시 죽고 맙니다. 악마의 살은 음행·탐욕·추행·육탐, 그리고 살인을 뜻합니다.[4] 그러므로 헤롯 왕이 여우라고 불린 것은 조금도 이상한 일이 아닙니다. 주님께서도 "그 여우에게 가서 전하라"라고 하셨습니다.[5]

그러므로 자연학자 피지올로구스가 여우를 두고 간계와 계략에 능하다고 설명한 것은 참 적절합니다.

역자주 15 ———

* 여우나 고슴도치의 영리함은 고대 문헌에서 다양한 속담과 우화로 전해진다. 여우에 관한 피지올로구스의 설명과 가장 가까운 것으로 오피아누스(hal. II 107부터)와 가자Gaza의 티모테오스Timotheos(ed. Haupt. opusc. III 280)를 들 수 있다.

1 **마태오 8: 20** 그러나 예수께서는 "여우도 굴이 있고 하늘의 새도 보금자리가 있지만 사람의 아들은 머리 둘 곳조차 없다" 하고 말씀하셨다.

2 **아가 2: 15**

3 **시편 63: 10** 공동번역에서 "승냥이의 밥이 되리이다"로 옮겼으나, 'partes vulpium'은 '여우의 몫'이라는 뜻이다.
라틴 성서에는 시편 63: 11에 나와 있다.

4 **갈라디아 5: 19-22** 육정이 빚어 내는 일은 명백합니다. 곧 음행, 추행, 방탕, 우상 숭배, 마술, 원수맺는 것, 싸움, 시기, 분노, 이기심, 분열, 당파심, 질투, 술주정, 흥청대며 먹고 마시는 것, 그 밖에 그와 비슷한 것들입니다. 내가 전에도 경고한 바 있지만 지금 또다시 경고합니다. 이런 짓을 일삼는 자들은 결코 하느님 나라를 차지하지 못할 것입니다.

5 **루가 13: 32** 그 여우에게 가서 "오늘과 내일은 내가 마귀를 쫓아내며 병을 고쳐 주고 사흘째 되는 날이면 내 일을 마친다"고 전하여라.

표범*

예언자가 예언하며 가로되, "나는 표범처럼 에브라임에게 달려들고"라고 말하였습니다.[1]

자연학자 피지올로구스는 표범의 특징을 이렇게 설명합니다. 표범은 모든 동물들과 사이좋게 지내지만 악룡에게는 적대합니다.[2] 표범 가죽은 요셉이 입었던 옷처럼 알록달록합니다.[3] 표범의 행동은 고요하고 부드럽습니다. 먹이를 실컷 포식하고 나면 동굴에 들어가서 잠을 청합니다. 사흘째 되는 날 잠에서 깨어난 표범은 우렁찬 목소리로 떠날 듯이 포효합니다. 가깝거나 먼 곳에 있던 모든 동물들이 표범의 울부짖음을 듣습니다.

표범의 포효와 함께 짙은 발삼 향기가 뿜어져 나옵니다. 야생동물이 향기에 이끌려서 표범에게로 모여듭니다.

그리스도도 이와 같습니다. 사흘째 되는 날 깨어나셔서 죽은 자들 가운데 홀로 부활하셨습니다. 주님께서 큰 소리로 말씀하시기를, "오늘 구원이 이루어졌다"라고 하셨습니다.[4] 주님께서는 가까이 보이는 사람이나 멀리 있어 보이지 않는 사람에게 모두 구원을 베풀어주셨습니다. 주님의 향기는 사도 바울의 말씀과 같이 하느님과 멀리 떨어져 있던 사람이나 가까이 있던 사람에게 다 같이 평화의 기쁜 소식을 전하여 주셨습니다.[5] 하느님의 영적인 지혜는 표범 가죽처럼 눈부십니다. 시편의 기록자도 "오빌의 황금으로 눈부시게 단장한 임금님의 신부는 당신 오른편에 서 있습니다"라고 노래하였습니다.[6] 임금님의 신부는 교회를 뜻합니다. 눈부신 것은 그리스도를 가리키는 말입니다. 그리스도는 동정이요, 순결이요, 긍휼이요, 믿음이요, 덕목이요, 용맹이요, 화해요, 평화입니다.[7]

자연학자 피지올로구스는 표범에 대해서 잘 설명하였습니다.

역자주 16 ———

* 표범이 방향을 뿜어서 원숭이와 다른 동물들을 유인한다는 기록은 여러 문헌에서 확인된다. 아리스토텔레스(H.A. 9. 6. p.612 a 12), 아일리아누스, 플루타르코스, 플리니우스(N.H. 8. 62와 21. 39)의 고대 문헌에서는 표범이 일반적으로 잔꾀가 많고 사악한 동물로 등장하지만, 피지올로구스는 그리스도의 상징으로 삼았다. 이러한 의미개종은 다음과 같은 아가 1:3-4의 내용과 연관되었을 가능성이 있다.

“임의 향내, 그지없이 싱그럽고
임의 이름, 따라놓은 향수 같아
아가씨들이 사랑한다오.
아무렴, 사랑하고 말고요.
임을 따라 달음질치고 싶어라.
나의 임금님, 어서 임의 방으로 데려가 주셔요.”

1 **호세아 5: 14** 공동번역에서는 “나는 젊은 사자처럼 에브라임에게 달려들고”라고 옮겼으나, 라틴 성서의 ‘Ego quasi leaena Ephraim…’은 ‘나는 암사자처럼 에브라임에게…’로 옮길 수 있다. ‘암사자leaena’를 ‘표범panthera’으로 본 것은 피지올로구스의 오독이다.

2 표범과 뱀, 또는 악룡 사이의 적대관계에 대해서는 본문 제26장 ‘몽구스’, 제30장 ‘사슴’, 제43장 ‘코끼리’ 편을 비교할 수 있다.

3 **창세기 37: 3** 공동번역에서는 ‘장신구를 단 옷’이라고 번역하였다. 그러나 라틴 성서의 ‘tunicam polymitam’은 ‘알록달록한 겉옷’으로 옮길 수 있다.

4 **루가 19: 9** 예수께서 자캐오를 보시며 “오늘 이 집은 구원을 얻었다. 이 사람도 아브라함의 자손이다” 하고 말씀하셨다.

5 **에페소** 2: 17 이렇게 그리스도께서는 세상에 오셔서 하느님과 멀리 떨어져 있던 여러분에게나 가까이 있던 유다인들에게나 다 같이 평화의 기쁜 소식을 전해 주셨습니다.

6 **시편** 45: 9 라틴 성서에는 시편 45: 10에 나와 있다.

7 **갈라디아** 5: 22-23 성령께서 맺어 주시는 열매는 사랑, 기쁨, 평화, 인내, 친절, 선행, 진실, 온유, 그리고 절제입니다.

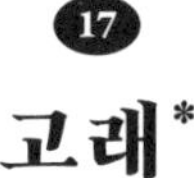

17 고래*

솔로몬은 잠언에서 이렇게 가르칩니다.

"탕녀에게 마음을 쏟지 말아라.
그 입술에선 꿀이 떨어지고
그 말은 기름보다 매끄럽지만,
그 끝은 소태처럼 쓰고
양쪽에 날 선 칼처럼 날카롭다.
그 발은 죽음으로 내려가고
그 걸음은 지옥으로 향한다."[1]

바다에는 실제로 고래라는 괴물이 살고 있는데, 태어나면서부터 두 가지 특징을 가지고 있습니다.

고래의 첫째 특징은 이렇습니다. 고래는 배가 주리면 주둥이를 크게 벌립니다. 이때 말할 수 없이 달콤한 향기를 주둥이에서 뿜어냅니다. 마침 작은 물고기들이 달콤한 향기에 이끌려서 떼 지어 모여들면 고래는 한 입에 삼키고 맙니다. 큰 물고기들은 고래의 향기에 속지 않으므로 섣불리 다가오지 않습니다.

이와 같이 마귀나 이단은 고래의 향기처럼 달콤한 능변과 사된 언사로 어리숙하고 순진해 보이는 사람들을 유혹합니다.[2] 그러나 그들도 성숙하여 사리가 밝은 교우들에게는 아무런 기운을 쓰지 못합니다. 욥과 같은 사람은 다 큰 물고기에 비할 수 있겠습니다. 모세도 그렇고, 예레미아·이사야, 그리고 예언자들이 모두 그렇습니다. 유딧이 홀로페르네스의 해함을 입지 않고 성하게 살아나온 것, 에스델이 하만의 해함을 입지 않은 것,[3] 수잔나가 늙은 장로들의 위증으로부터 해를 입지 않은 것이 모두 그렇습니다.

고래의 둘째 특징은 이렇습니다. 고래라는 놈은 몸집이 어찌나 큰지 마치 섬 하나가 바다에 떠 있는 것 같습니다. 뱃꾼들이 아무것도 모르고 배를 섬에 댑니다. 또 닻을 드리우는가 하면 말뚝을 치고 섬으로 올라갑니다. 그리고 나서 뱃꾼들은 끼니를 끓이려고 모닥불을 지피기 시작합니다. 고래가 마침내 뜨거움을 참지 못하고 바다 깊숙이 몸을 담급니다. 고래와 함께 배가 바다 아래로 가라앉고 뱃꾼들도 가라앉습니다. 배 안에 숨었던 새앙쥐들도 함께 가라앉습니다.

그러므로 그대 인간이여. 마귀가 펼쳐 보이는 헛된 희망에 그대의 닻줄을 매어두었다가는 마귀가 잡아끄는 대로 지옥 불을 향하여 까마득한 곳으로 가라앉고 말 것입니다.

그러므로 자연학자 피지올로구스는 고래에 대해서 잘 설명하였습니다.

역자주 17 ———

* 고래가 주둥이에서 향기를 뿜는다는 내용은 표범의 경우와 비슷하다. 표범의 포효와 함께 뿜어져 나오는 발삼 향기가 그리스도의 기쁜 소식을 빗댄 반면에, 고래의 향기는 마귀의 부정적인 속성으로 해석되었다. 피지올로구스의 주장을 뒷받침할 고전 문헌의 전거는 확인되지 않았다. 고래를 바다에 떠 있는 섬으로 오해하는 이야기는 뱃꾼들의 전설이나 바다의 모험이야기를 다룬 동화의 주제로 자주 등장한다. 섬에 발을 들여놓는 사람은 누구나 하나같이 실종되고 만다는 동화의 섬 노살라**Nosala**와 고래 섬 이야기가 동일시되기도 한다(아리아누스 Ind. 31; 스트라본 15. 2. 12). 루키아누스의 〈믿을 수 없는 이야기들〉에서 뱃꾼들이 구약 성서의 요나처럼 고래의 뱃속에 들어가는 내용도 피지올로구스와 크게 다르지 않다.

1 **잠언** 5: 3-5

2 **로마서** 16: 18 그런 자들은 우리 주 예수 그리스도를 섬기는 것이 아니라 자기네 뱃속을 채우고 있으며 그럴 듯한 말과 아첨하는 언사로 순진한 사람들의 마음을 유혹하고 있는 것입니다.

3 피지올로구스는 하만을 아르타크세르세스Artaxerxes로 표기하였다.

18

자고새*

예언자 예레미아가 이르되, “자고새는 남이 낳은 알을 품으니 마치 부정으로 축재한 사람이 반생도 못살아 재산을 털어먹고 결국은 어리석은 자로 생을 마치는 것과 다를 바가 없다”라고 하였습니다.[1]

자연학자 피지올로구스는 자고새가 다른 새의 알을 품어서 부화시키고, 깨어난 새끼 새들을 제힘으로 먹여 살린다고 말합니다. 어느덧 새끼들이 자라나면 둥지를 떠나서 제각기 원래 속하였던 곳으로 뿔뿔이 날아가 버리니

결국 자고새는 홀로 남는 신세가 된다고 합니다.

이와 같이 마귀도 영적으로 미숙한 부류의 사람들에게 접근하여 저의 제물로 삼습니다. 그러나 우리의 영혼이 올바른 성숙의 단계에 이르면 올바른 본향, 곧 천국의 부모되신 우리 주 예수 그리스도를 제대로 인식하게 됩니다. 또 교회와 사도들과 예언자들의 존재를 깨닫게 됩니다. 그리하여 마귀의 손아귀로부터 벗어나서 이들을 향해 나아갑니다.

자연학자 피지올로구스는 자고새에 대해서 잘 설명하였습니다.

역자주 18 ———

* 다른 새의 알을 품는 자고새의 습성은 예레미아 17:11에서 기원한다. 고전 문헌에서 피지올로구스와 내용이 상응하는 어떤 기록도 확인할 수 없다. 아리스토텔레스의 기록에 따르면 자고새는 서로 다른 둥지에서 암컷과 수컷을 나누어 부화한 다음에 서로 새끼를 번갈아 훔친다고 하였다(H.A. VI 8 p.564 a 20). 피지올로구스가 아리스토텔레스를 오해하였을 가능성도 있다.

1 **예레미아** 17: 11
"부정으로 축재하는 사람은
남이 낳은 알을 품는 자고새와 같아,
반생도 못 살아 재난을 털어먹고
결국은 미련한 자로서 생을 마치리라."

19

수리새*

구원주되신 우리 주님께서 복음서에 이르시되, "임신한 여자들과 젖먹이가 딸린 여자들은 불행하다"라고 하셨습니다.[1]

자연학자 피지올로구스는 수리새에 대하여 "지극히 높고 고결한 장소에 거처를 두고 산봉우리나 가파른 벼랑에서 잠을 청한다"라고 말합니다. 수리새가 씨를 배면 인도까지 날아가서 해산석을 가지고 옵니다. 이 돌은 호두와 비슷한 모양새를 하고 있습니다. 이 해산석을 손에

쥐고 흔들어보면 돌 속에 또 다른 돌이 들어 있어서 톡톡 두드리는 소리가 납니다. 암컷 수리새가 몸을 풀기에 앞서 진통을 할 때에 해산석을 품고 앉아 있으면 아무런 산통 없이 알을 낳을 수 있다고 합니다.

그대 인간도 이와 같이 성령을 입은 바 되었으면 영적인 해산석을 지니도록 하십시오. 영적인 해산석이란 함부로 내버려져서 집 짓는 자들이 거들떠보지 않는 모퉁이의 머릿돌을 말합니다.[2] 그대는 예언자 이사야의 말씀을 따라서 "이 돌을 의지하여야" 합니다.[3]

우리는 임신한 듯, 해산하듯 몸부림쳤습니다. 그러나 우리가 낳은 것은 한 줄기 바람에 불과하여 이 땅에 구원을 베풀어주지 못하였습니다. 세상에 인구가 하나도 불어나지 않았습니다.[4]

건강한 해산을 돕는 이는 성령의 해산석, 곧 우리 주 예수 그리스도입니다. 그리스도는 인간의 솜씨로 빚어진 작품이 아닙니다. 인간의 씨로 말미암지 아니하고 처녀의 몸에서 나왔기 때문입니다. 수리새의 해산석을 흔들면 돌 속에 들어 있는 또 다른 돌이 부딪치는 소리가 울려나듯이, 주님의 몸 안에는 신성한 울림이 들어 있습니다.

역자주 19 ———

* 본문의 주제는 수리새보다 해산석의 상징을 다룬다. 플리니우스에 따르면, 해산석이란 독수리의 둥지에서 발견되는 'aetites'로 '독수리의 돌'이라고 일컬어진다고 한다(N.H. 10. 12와 36. 151). 독수리의 해산석은 임신한 여인에게도 비상한 효험이 있다고 전한다. 피지올로구스에서 해산석의 상징이 수리새와 결부된 이유는 확인되지 않았다.

1 **마태오** 24: 19 이런 때에 임신한 여자들과 젖먹이가 딸린 여자들은 불행하다.
마르코 13: 17 이런 때에 임신한 여자들과 젖먹이가 딸린 여자들은 불행하다.
루가 21: 23 이런 때에 임신한 여자들과 젖먹이가 딸린 여자들은 불행하다. 이 땅에는 무서운 재난이 닥칠 것이고 이 백성에게는 하느님의 분노가 내릴 것이다.

2 **시편** 118: 22-23
집짓는 자들이 버린 돌이
모퉁이의 머릿돌이 되었나니,
우리 눈에는 놀라운 일
야훼께서 하신 일이다.
마태오 21: 42 그래서 예수께서는 그들에게 이렇게 말씀하셨다.
"너희는 성서에서,
'집짓는 사람들이 버린 돌이
모퉁이의 머릿돌이 되었다.
주께서 하시는 일이라
우리에게는 놀랍게만 보인다'
고 한 말을 읽어 본 일이 없느냐?"

마르코 12: 10-11에도 마태오 21: 42과 같은 구절이 있다.
공동번역에서 "모퉁이의 머릿돌이 되었다"라는 표현은 라틴 성서의 "Factus est in caput anguli"를 옮긴 말이다. 뜻을 풀면 "각지게 다듬은 모든 돌들 가운데 머릿자리를 차지하였다"는 의미이다. 다시 말해 고대 로마식 건축에서 대개 반원형의 아치 형태를 이루는 석물구조 가운데 아치의 중앙 꼭대기를 차지하는 머릿돌이 되었다는 뜻이다. 그러므로 인용문을 "목수들이 팽개쳐 두었던 그 돌이 아치의 머릿자리에 들어가게 되었다"라고 옮길 수 있다.

3 **이사야** 28: 16
"보아라, 내가 시온에 주춧돌을 놓는다.
값진 돌을 모퉁이에 놓아 기초를 튼튼히 잡으리니
이 돌을 의지하는 자는 마음 든든하리라."

4 **이사야** 26: 18

20

사자개미*

테만의 왕 엘리파스가 이르되, "사자개미는 먹이를 구하지 못하여 기진하고 만다"라고 하였습니다.[1]

자연학자 피지올로구스는 사자개미가 사자의 머리와 개미의 몸통을 가졌다고 설명합니다. 사자개미의 아비인 사자는 짐승을 잡아먹지만 어미인 개미는 풀뿌리를 더듬습니다. 사자와 개미가 짝지어서 사자개미를 낳으니, 두 가지 성질을 가진 놈이 나오게 된 것입니다. 어미의 성질을 물려받은 탓에 짐승을 먹지 못하고, 아비의 성질을 이

어받은 탓에 풀뿌리를 삼키지 못합니다. 급기야는 먹이를 찾지 못하여 그만 기진해서 죽고 맙니다.

두 개의 영혼을 가진 사람도 사자개미와 같습니다. 두 마음으로 의심을 품으니 마음이 헷갈려서 하는 행동이 불안합니다.[2] 두 갈래 길에서 이리저리 방황하는 자는 죄악에 빠지고 맙니다.[3] 기도에서 두 가지 말을 하는 사람도 마찬가지입니다. 옳으면서 그르다고 하거나, 그르면서 옳다고 말하는 것은 용납될 수 없습니다. 옳은 것은 옳다 하고, 그른 것은 그르다고 해야 마땅합니다.[4]

역자주 20 ———

* 사자와 개미가 짝지어서 나왔다는 사자개미는 환상의 동물이다. 헤로도토스는 인도에 서식하는 개미가 여우 정도의 크기에 황금을 캐는 습성이 있다고 전한다(III 102). 플리니우스도 유사한 기록을 남기고 있다(N.H. 11. 111). 이런 기록들이 피지올구스에게 영향을 미쳤을 가능성을 완전히 부인하기는 어렵다. 혹은 피지올로구스가 단순히 '사자-개미'라는 명칭으로부터 본문의 이야기를 전개시켰을 수도 있다. 나아가서 스트라본과 아일리아누스는 '개미'라는 뜻의 '뮈르멕스 myrmex'라고 불리는 사자의 종류가 있다고 전한다.

1 **욥 4: 11**
"먹이를 찾던 수사자가 기진하니
어미를 따르던 새끼 사자들은 흩어졌네."

2 **야고보 1: 8** 공동번역에서는 "의심을 품은 사람은 마음이 헷갈려 행동이 불안정합니다"라고 옮겼다.

3 **집회서 2: 12** 라틴 성서의 "Et peccatori terram ingredienti duabus viis"는 "두 갈래 길을 걸어가는 죄인"으로 옮길 수 있다. 뜻을 풀면 "이리저리 제 갈 길을 정하지 못하고 방황하는 죄인들에게 저주 있으라"로 해석할 수 있다.

4 **마태오 5: 37** "너희는 그저 '예' 할 것은 '예' 하고, '아니오' 할 것은 '아니오'라고만 하여라. 그 이상의 말은 악에서 나오는 것이다."
II 고린토 1: 17-18 내가 이런 계획을 세운 것이 경솔한 일이었습니까? 또는 인간적인 동기로 계획을 세워 편리할 대로 이랬다 저랬다 하려는 줄 압니까? 내가 하느님의 진실성을 걸고 맹세하거니와 여러분에게 한 내 약속은 이랬다 저랬다 하지 않습니다.

야고보 5: 12 내 형제 여러분, 무엇보다도 명심할 것은 맹세하지 않아야 한다는 것입니다. 하늘이나 땅이나 그 밖에 무엇을 두고도 맹세하지 마십시오. 다만 '예' 할 것은 '예'라고만 하고 '아니오' 할 것은 '아니오'라고만 하십시오. 그래야 심판을 받지 않을 것입니다.

21

족제비*

율법에 이르기를, "족제비를 먹어서는 안 된다. 이와 비슷한 것을 먹어서도 안 된다"라고 하였습니다.[1]

자연학자 피지올로구스는 족제비에게 이런 성질이 있다고 말합니다. 족제비의 암컷은 입을 통해서 수컷으로부터 수태를 하고, 새끼를 배면 귀를 통해서 낳습니다. 귀를 통해서 새끼를 낳는 것은 올바르지 못합니다.

교회를 둘러보면 하늘 나라의 영적인 양식을 먹으면서 어쩐지 불안스러운 기색을 감추지 못하는 사람들이 있습니다. 저 홀로 결단해야 할 순간에 이런 자들은 주님의 말씀을 귀를 통해서 내던지고 맙니다. 부정한 족제비가 귀를 통해서 새끼를 내보내는 것과 같습니다. 또 스스로 귀를 틀어막는 살무사와 같이 귀머거리가 되고 맙니다.[2]

그러므로 족제비를 먹어서는 안 됩니다. 족제비와 비슷한 것을 먹어서도 안 됩니다.

역자주 21 ———

* 족제비가 입으로 수태하고 귀를 통해서 출산한다는 피지올로구스의 주장은 고대의 동물학적 지식을 잘못 옮긴 것이다. 아낙사고라스로 대표되는 고대 그리스의 동물학 이론은 족제비가 귀로 수태하고 입으로 출산한다고 보았다(A 114 D.-K). 아리스토텔레스는 아낙사고라스의 주장의 신빙성에 대해서 논박한다(de gen. anim. III 6. 756 b 13). 플루타르코스도 아낙사고라스의 견해를 수용하였다(de Is. et Os. 74). 입 속에 새끼를 품고 다니는 족제비의 습성에 대해서는 호라폴로와 아일리아누스가 기록을 남겼다. 피지올로구스의 여러 판본 가운데 족제비**gale**를 상어**galeos**로 잘못 표기한 경우도 눈에 띈다. 피지올로구스가 족제비의 입과 귀의 역할을 바꾸어 설명한 이유는 밝혀지지 않았다. 제10장 '살무사'와 비교해서 읽는 것이 좋다.

1 **레위기 11: 29** 땅에 기어 다니는 길짐승 가운데서 너희에게 부정한 것은 두더지, 쥐, 각종 큰도마뱀, 수궁, 육지악어, 도마뱀, 모래도마뱀, 카멜레온 등이다.

2 **시편 58: 4** 살무사처럼 제 귀를 틀어막고는
라틴 성서에는 시편 58: 5에 나와 있다.

22

유니콘(일각수)*

시편의 저자가 이르기를, "일각수의 뿔처럼 나를 높여주시고"라고 하였습니다.[1]

자연학자 피지올로구스는 일각수의 성질을 이렇게 말합니다. 체구는 새끼 염소처럼 소담하지만 남다른 용맹을 지닌 동물입니다. 어찌나 힘이 좋은지 사냥꾼들도 함부로 접근하지 못합니다.

일각수의 머리 한복판 정수리에는 뿔이 하나 솟아 있습니다. 일각수를 사로잡으려면 어떤 방법을 써야 할까요? 남자의 손을 타지 않은 순결한 처녀에게 의관을 갖추게 하고 길 한가운데 내어 둡니다. 일각수가 처녀를 발견하면 대번에 달려와서 품안으로 뛰어듭니다. 순결한 처녀에게는 일각수를 꼼짝 못 하게 만드는 힘이 있습니다. 그래서 일각수는 처녀에게 순종합니다. 처녀는 일각수를 사로잡아 왕의 궁성[2]으로 데려갑니다.

이 이야기를 구원의 주님께 옮겨서 생각해 봅시다. 하나님의 뿔이신 주님께서는 다윗의 가문에서 다시 살아나셨고, 구원의 뿔이 되셨습니다.[3]

천사의 능력으로도 일각수를 사로잡지 못하였습니다. 그러나 성령은 진실되고 영원히 순결하신 동정녀 마리아의 품속에 들어가셨으며, 말씀이 사람이 되셨고 우리와 함께 계시게 되었습니다.[4]

*

일각수는 뿔이 하나 있는 동물이어서 이런 이름으로 불립니다. 어딘가 먼 곳에 넓은 호수가 있어서 그곳에 날랜 들짐승들이 목을 축이기 위해서 모여듭니다.

짐승들이 모여들기 전에 독뱀이 먼저 기어와서 물 속에 독을 쏟아 뱉습니다. 짐승들은 독내가 풍기는 것을 알고 감히 물을 들이키지 못합니다. 일각수가 오기를 기다릴 뿐입니다. 일각수는 호수에 다다라 곧장 물 속으로 들어가서 뿔을 앞으로 숙여서 십자가 모양으로 성호를 긋습니다. 이로써 물에 녹아든 독기운이 사라집니다. 일각수가 물을 마시는 것을 보고 다른 짐승들도 안심하고 물을 마십니다.

역자주 22 ———

* 아리스토텔레스는 뿔이 하나 나 있고 발굽이 갈라지지 않은 동물로 인도 나귀를 꼽는다. 단순히 하나의 뿔을 가진 동물이라는 의미에서 일각수는 이미 크테시아스Ktesias와 메가스테네스Megasthenes가 언급하였고, 스트라본·아일리아누스·플리니우스가 기록한 일각수도 이들의 문헌전승을 따랐다. 아일리아누스는 일각수가 다른 동물들에게는 우호적이지만 동류의 무리들에게는 적대적이라고 주장한다. 발정기에 암컷에게 접근하는 수컷 일각수의 경우는 예외이다. 아일리아누스의 기록으로부터 처녀에게 제압되는 일각수의 모티프가 유래하였을 가능성이 제시되었다. 크테실라스는 일각수의 뿔을 잔으로 사용하면 음료의 독성을 제독하고 청량하게 마실 수 있다고 주장한다(Photios에서). 중세기에 널리 퍼지기 시작한 일각수의 상징은 기독교 도상 가운데 특히 수태고지의 장면에서 마리아에게 성령의 잉태를 알리는 대천사 가브리엘의 옆자리를 일각수가 차지하거나, 심지어 대천사를 대신하는 신성한 지위에 오른다. 수많은 귀족 가문의 문장에 일각수가 등장한 것도 중세 이후의 현상이다. 뿔이 가진 제독과 치유 능력에 대한 신뢰는 일각수가 제약업자 길드나 약국의 상징 그림으로 흔히 채택되었다는 사실에서 뒷받침된다.

1 **시편 92: 10** 공동번역에는 "들소처럼 나의 뿔을 높여주시고"라고 옮겼으나, 라틴 성서에는 시편 92: 11에 나와 있으며 "Et exaltabitur quasi monocerotis cornu meum"은 "일각수의 뿔처럼 나를 높여주시고"라고 옮길 수 있다.

2 여기서 왕은 왕 중의 왕인 예수 그리스도를 빗대었을 것으로 보인다.

3 **루가** 1: 69
우리를 구원하실 능력있는 구세주를
당신의 종 다윗의 가문에서 일으키셨다.

4 **요한** 1: 14 말씀이 사람이 되셔서 우리와 함께 계셨는데, 우리는 그분의 영광을 보았다. 그것은 외아들이 아버지에게서 받은 영광이었다. 그분에게는 은총과 진리가 충만하였다.

23

비버*

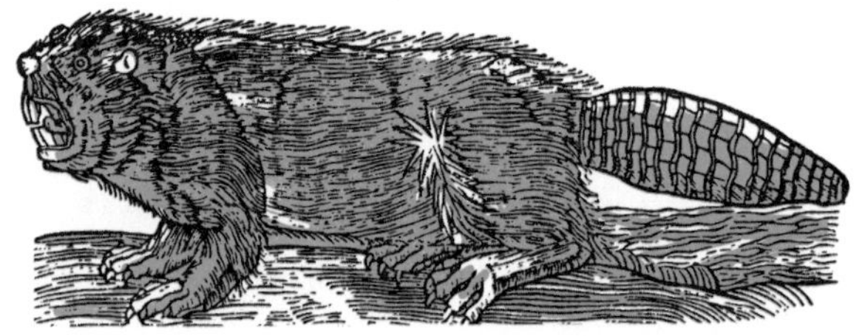

비버라는 짐승은 행동이 무척 은밀하고 조용합니다. 비버의 신장을 떼어서 약재로 사용하기도 합니다. 비버가 기어가다가 사냥꾼에게 잡힐 것을 알아채면 자신의 신장을 물어뜯어 사냥꾼에게 던져 줍니다. 그 다음에 또 다른 사냥꾼의 추격을 받으면 보란듯이 벌렁 드러눕습니다. 비버에게 신장이 없는 것을 확인한 사냥꾼은 하릴없이 돌아섭니다. 그러므로 교회의 한 분깃인 그대여. 사냥꾼이 쫓아오면 사냥꾼이 원하는 것을 던져 주십시오.[1]

마귀도 사냥꾼과 같습니다. 마귀가 원하는 것은 음행·추행·살인과 같은 사악한 행위입니다.[2] 이런 것들을 그대의 몸에서 뜯어 내어서 사냥꾼에게나 던져 주십시오. 사냥꾼은 하릴없이 돌아서고 말 것입니다. 그대는 마귀의 등에 대고 이렇게 말하십시오. "내 영혼은 새 잡는 이의 그물에서 빠져나온 새와 같다."[3]

자연학자 피지올로구스는 비버에 대해서 잘 설명하였습니다.

역자주 23 ———

* 도마뱀과 유사한 비버의 습성에 대한 기록은 아일리아누스(6. 34), 플리니우스(N.H. 8. 109), 호라폴로(2. 65), 키케로(Scaur. 9), 유베날리스(sat. 12. 36) 등이 남기고 있다. 위험에 처한 비버가 자신의 몸뚱이 일부를 떼어주고 달아난다는 사실은 모든 문헌에서 공통된 내용일 뿐더러 17세기에 이르기까지 사실로 받아들여졌다. 그리스어로 '비버'를 일컫는 '카스토르**kastor**'의 명칭으로부터 수컷 비버의 성기에 비상한 약효가 있다는 속설이 유래하였다. 그리스 신화에서 레다의 쌍둥이 형제 가운데 동명의 '카스토르'가 여인들의 구원자인 것과 같이, 또 다른 카스토르 곧 비버도 여자들에게 이로운 효능을 가지고 있다고 생각하였던 것이다.

1 **로마서 13: 7** 공동번역에서는 "그러므로 여러분은 그들에게 해야 할 의무를 다하십시오"라고 옮겨졌다. 그러나 라틴 성서의 "Reddite omnibus debita"는 "누구에게든 그들에게 주어야 할 것을 돌려 주어라"라고 옮길 수 있다.

2 **갈라디아 5: 19-21** 육정이 빚어 내는 일은 명백합니다. 곧 음행, 추행, 방탕, 우상 숭배, 마술, 원수 맺는 것, 싸움, 시기, 분노, 이기심, 분열, 당파심, 질투, 술주정, 흥청대며 먹고 마시는 것, 그 밖에 그와 비슷한 것들입니다.

3 **시편 124: 7-8**

새 잡는 그물에서 참새를 구하듯이
우리의 목숨을 건져내셨다.
그물은 찢어지고 우리는 살아났다.

24

하이에나*

율법에 이르기를, "하이에나를 먹어서는 안 된다. 하이에나와 비슷한 것도 먹어서는 안 된다"라고 하였습니다.[1] 자연학자 피지올로구스는 하이에나가 양성동물이라고 설명합니다. 어떤 때는 수컷이었다가, 어떤 때는 암컷으로 변한다는 말입니다. 이처럼 변신하는 성질을 가지고 있기 때문에 털가죽이 알록달록합니다. 예레미아가 이르기를, "하이에나의 동굴조차 나의 것이 아님이라" 한 것도 그런 이유입니다.[2]

그러므로 하이에나 같은 인간이 되어서는 안 됩니다. 그런 인간을 두고 사도의 말씀에서 이르기를, "남자들 역시 여자와의 정상적인 성관계를 버리고 남자끼리 정욕의 불길을 태우면서 서로 어울려서 망측한 짓을 합니다"라고 하셨습니다.[3]

역자주 24 ———

* 하이에나나 오소리가 암수의 성을 번갈아 바꾸는 양성동물이라는 기록은 고전 문헌에서 드물지 않게 발견된다. 오비디우스(Metam. 15. 409), 아일리아누스의 기록이 대표적인 문건이다. 아리스토텔레스는 이 문제에 대해서 이의를 제기하지만 근거를 완전히 밝히지 못하였다(플리니우스 N.H. 8. 105의 기록과 비교할 것). 테르툴리아누스는 하이에나의 양성론을 그대로 인용한다. 성적 역할을 바꾸는 인간에 대해서 양성동물의 예를 들어서 설명하는 경우도 있다. 특히 동성애의 문제는 올바른 신앙에서 벗어난 그릇된 이교적 행위로 해석되어 왔다.

1 **신명기 14: 8** 돼지는 굽은 갈라졌으나 새김질을 하지 아니하므로 부정한 것이다. 이런 것들의 고기는 먹지 못할 뿐아니라 그 주검을 건드려도 안 된다.
성서에는 하이에나가 아니라 돼지를 가리켜 먹어서는 안 되는 부정한 짐승으로 꼽고 있다. 피지올로구스는 '하이에나hyaina'와 '돼지hys'를 혼동한 것으로 보인다.

2 **예레미아 12: 7-8**
나는 나의 백성을 버렸다.
내 것으로 삼았던 이 백성을 물리쳤다.
내가 진정 귀여워하던 백성을
원수들의 손에 넘겨 주었다.
내 것으로 삼았더니
이 백성은 숲에 있는 사자처럼 나에게 달려들었다.
으르렁거리며 달려들었다.
피지올로구스는 본문에서 '숲 속의 사자leo in silva'를 '하이에나hyae-

na'로 바꾸었다.

3 **로마서** 1: 27 로마서에는 남자들 사이의 정욕에 대하여 기술되어 있으나, 그리스어로 씌어진 원본에 가장 가까운 것으로 추정되는 성서의 에티오피아어 번역에는 남자들이 아니라 여자들 사이의 정욕을 경계하는 내용이 기술되어 있어서 흥미롭다.

25

수달*

수달이라는 동물이 있습니다. 얼굴은 개처럼 생겼고, 악어와는 천적입니다. 악어는 잠을 잘 때에 주둥이를 쩍 벌립니다. 수달은 진흙탕에 마구 뒹굴어서 뻘투성이가 되어 살금살금 다가갑니다. 수달은 몸에 묻은 진흙이 마르기를 기다렸다가 악어의 주둥이 속으로 냉큼 뛰어듭니다. 악어의 목구멍을 갈기갈기 찢어 놓고 악어의 내장을 남김없이 뜯어먹습니다.

악어를 마귀에 비할 수 있다면 수달은 곧 우리 주님과

같습니다. 우리 주 예수 그리스도는 수달이 진흙옷을 입듯이 인간의 육신을 입으셨고, 지옥에 내려가셨으며, 사망의 권세에 묶여 있던 영혼들에게 "어서 나오너라. 캄캄한 곳에 웅크리고 있는 자들에게 일러라. 나와서 밝은 곳으로 몸을 드러내어라" 하고 말씀하시면서 사망의 슬픔을 풀어내셨습니다.[1] 사도의 말씀도 그러합니다. "죽음아, 네 승리는 어디 갔느냐? 죽음아, 네 독침은 어디 있느냐?"[2]

주님은 사흘만에 죽은 자 가운데서 살아나셨으며, 자신과 더불어 지상에 매어 있던 모든 인간들에게 부활을 선물하셨습니다.

역자주 25 ———

* 피지올로구스의 여러 판본에 hydros, enhydros, ydris, hyllos 등으로 표기된 수달은 제26장의 '몽구스'와 같은 동물을 다룬 것으로 추정된다. 몸에 진흙을 발라서 무장하고 악어와 대적하는 수달의 습성은 고대 문헌에 드물지 않게 발견된다. 아리스토텔레스·스트라본·아일리아누스·플루타르코스·오피아누스가 수달에 대해서 언급하였다.

1 **이사야** 49: 9
감옥에 갇혀 있는 자들에게 일러라
'어서 나오너라.'
캄캄한 곳에 웅크리고 있는 자들에게 일러라.
'나와 몸을 드러내어라.'
그들은 가는 길마다에서 풀을 뜯으리니
돌아가는 길가 어디든지 뜯을 풀이 있고
사는 곳마다에서 푸른 풀로 덮인 언덕을 만나리라.

2 **I 고린토 15: 54-55** 이 썩을 몸이 불멸의 옷을 입고 이 죽을 몸이 불사의 옷을 입게 될 때에는,
"승리가 죽음을 삼켜버렸다.
죽음아, 네 승리는 어디 갔느냐?
죽음아, 네 독침은 어디 있느냐?"
라는 성서 말씀이 이루어질 것입니다.
II 디모테오 1: 10 우리 구세주 그리스도 예수께서는 이 세상에 오심으로써 이제는 분명히 드러난 것입니다. 그리스도께서는 죽음의 권세를 없애 버리시고 복음을 통해서 불멸의 생명을 환하게 드러내 보이셨습니다.
호세아 13: 14 공동번역에는 호세아 13: 14의 번역이 누락되었다.

루터 성서의 "Aber ich will sie aus dem Totenreich erlösen und vom Tode erretten. Tod, ich will dir ein Pest sein; Rache kenne ich nicht mehr"는 "나는 그들을 죽음의 왕국에서 구하리라. 그리고 죽음으로부터 건져내리라. 죽음아, 나는 너의 역병이 될 것이요, 어떤 복수도 용납하지 않으리라"라고 옮길 수 있다.

몽구스*

몽구스라는 동물은 생김새가 돼지와 비슷하지만 용을 물리치는 천적입니다. 자연학자 피지올로구스가 말하기를, 몽구스는 악룡이 출몰하는 곳에 가서 몸에다 미끈미끈한 진흙을 발라둡니다. 그리고 기다란 꼬리를 세워서 악룡의 콧구멍에 쑤셔 넣습니다. 악룡이 숨을 거둘 때까지 몽구스는 꼼짝하지 않고 기다립니다.

이와 같이 우리의 주님도 흙에서 나온 육신을 입고 나셨으며, 육신 안에 신성을 오랫동안 감추고 계시다가 마침내 영의 악룡을 처치하셨습니다. 악룡이란 이집트의 강에서 사는 마귀를 말합니다.[1] 만약에 그리스도께서 육신을 입고 나지 않으셨다면 어찌 악룡을 대적하여 물리칠 수 있었겠습니까? 그리스도께서 육신을 입고 나시지 않았더라면 오히려 악룡이 서둘러 주님께 나아가서 "당신은 하나님이요, 구원주이시니 내가 어찌 감당하리이까" 라고 고백하고 말았을 것입니다.

그러나 주님은 모든 인간 가운데 가장 크신 분이면서도 스스로를 낮추셨기에 우리를 모두 구원하실 수 있었습니다.[2]

역자주 26 ———

* 피지올로구스가 기록한 '몽구스**ichneumon**'는 오늘날 동물도감에 등장하는 몽구스와 다르다. 본서 제25장에서 수달이 악어를 죽이듯이 몽구스는 같은 방식으로 상대를 무찌른다. 몽구스의 일화에서 피지올로구스의 의도는 명백하게 드러난다. 악어는 몽구스의 상대가 되지 않는다는 사실을 잘 알고 있으므로 섣불리 대적하지 못한다. 몽구스는 진흙을 발라서 변장한 다음, 꼬리를 앞세우고 뒷걸음질로 악어에게 접근한다. 악어는 그것이 몽구스인 줄 전혀 알아보지 못하고 싸움에 걸려든다. 몽구스와 악어의 대결을 종교적인 의미로 옮겨서 유추하기는 그리 어렵지 않다. 그리스어 '드라콘**drakon**'은 '뱀'이라는 뜻이지만 '용'이나 '악룡' 또는 '비룡'으로 옮겨졌다. 이 책에서는 주로 '악룡'으로 번역하였다.

1 **에제키엘** 29: 3-4
에집트 왕 파라오야,
나 이제 너를 치리라.
나일강 가운데 엎드려 있는 큰 악어야, 네가,
나일강은 내 것이다, 내가 만들었다- 한다마는
나는 너의 턱을 고리로 꿰고
네 비늘에 나일강 물고기들이 들러붙게 하리라.
에제키엘서의 '큰 악어'는 라틴 성서의 '큰 용draco magne'을 옮긴 것이다. 루터 성서에도 '용Drache'으로 옮겨졌다.

2 **립비** 2: 6-8
그리스도 예수는 하느님과 본질이 같은 분이셨지만
굳이 하느님과 동등한 존재가 되려 하지 않으시고
오히려 당신의 것을 다 내어 놓고

종의 신분을 취하셔서
우리와 똑같은 인간이 되셨습니다.
이렇게 인간의 모습으로 나타나
당신 자신을 낮추셔서 죽기까지,
아니, 십자가에 달려서 죽기까지 순종하셨습니다.

27

까마귀*

예레미아는 예루살렘을 두고 이렇게 말하였습니다. "사막에 숨어 있는 까마귀처럼 너는 한길가에 앉아 정부들을 기다렸다."[1]

자연학자 피지올로구스는 까마귀를 두고 정절을 간직하는 새라고 말합니다. 수컷이 죽더라도 암컷은 새로운 짝을 찾아 나서는 일이 없고, 거꾸로 암컷이 죽더라도 수컷은 정절을 지킵니다.

유다인들이 지상의 예루살렘이라고 부르는 회당 시나

고그도 이와 같습니다. 유다인들은 그들의 주님을 죽음으로 내몰았습니다. 이로써 그리스도를 두고 이제는 그들의 남편이라고 할 수 없게 되었습니다. 그것은 내가 순결한 처녀인 여러분을 오직 한 남편 그리스도에게 바치려고 정혼을 시켰기 때문입니다.[2] 그러나 그들은 돌과 나무를 섬기며 음란을 피웠습니다.[3]

우리가 한 남편만을 가슴 속에 간직하고 있는 동안에는 감히 마귀가 숨어들어 정절을 훼손하는 일이 없습니다. 그러나 남편의 말씀을 영혼의 자리에서 몰아낸다면 원수가 어느새 그 자리를 차지하고 앉을 것입니다. 그러므로 이스라엘을 지키는 파수꾼은 졸지도 잠들지도 말아야 합니다. 그리하여 영적인 집 안으로 도둑이 들지 않도록 조심하여야 합니다.

자연학자 피지올로구스는 까마귀에 대해서 잘 설명하였습니다.

역자주 27 ———

* 까마귀가 일부일처의 습성을 가지고 있다는 사실은 아리스토텔레스 이후 고대 문헌에서 자주 언급되었다. 그러나 중세 이후 까마귀가 불길한 새로 간주되면서 산비둘기가 까마귀의 자리를 대신 차지한다. 피지올로구스의 기록은 호라폴로와 가장 가깝다(I 8).

1 **예레미아** 3: 2 라틴 성서의 "In viis sedebas expectans eos quasi latro in solitudine"에서 'latro'는 '우짖는 짐승'이라는 뜻이다. 그러므로 "이곳저곳 길가에 앉아서 그들을 기다리는 품이 (까마귀나 승냥이 같은) 고독한 짐승이나 다름없구나"로 옮길 수 있다. 루터 성서에는 'latro in solitudine'가 '광야의 아랍인'으로 번역되었고, 공동번역에는 '사막에 숨어 있는 아랍인들처럼'으로 옮겨졌다.

2 II **고린토** 11: 2 하느님께서 여러분을 염려하시는 것처럼 나도 염려하는 나머지 마음이 놓이지 않습니다. 그것은 내가 순결한 처녀인 여러분을 오직 한 남편 그리스도에게 바치려고 정혼을 시켰기 때문입니다.

3 **예레미아** 3: 9 돌과 나무를 섬기며 음란을 피워 땅을 더럽혔다. 라틴 성서의 "Et moechata est cum lapide et cum ligno"에서 'moechata'는 '혼인의 언약을 깨다', '정절을 훼손하다'라는 뜻이므로 "그러나 그들은 돌이나 나무와 더불어 정절을 훼손하였다"라고 옮길 수 있다.

28

산비둘기*

솔로몬이 아가서에서 산비둘기에 대하여 이렇게 말합니다. "산비둘기 꾸르륵 우는 우리 세상이 되었소."[1]

자연학자 피지올로구스는 산비둘기가 정절을 지키는 새라고 말합니다. 또 한적한 곳을 좋아해서 황야를 거처로 삼고, 사람들이 북적대는 장소를 꺼린다고 말합니다.

이와 같이 우리 주님께서도 깨어 있기 위해서 감람산에 오르셨습니다. 베드로와 야고보과 요한을 데리고 산에 오르셨습니다. 그러자 이들에게 난데없이 모세와 엘리야의 모습이 나타났고, 구름 속에서 "이는 내 사랑하는 아들, 내 마음에 드는 아들이니 너희는 그의 말을 들으라"는 하늘의 음성이 들려 왔습니다.[2]

산비둘기는 한적한 곳을 좋아한다고 하였습니다. 그러므로 그리스도를 섬기는 자는 인적 없는 곳으로 은둔하기를 사랑하여야 합니다. 비둘기와 같이, 또 내가 알기로, 제비와 같이 그렇게 해야 합니다. 비둘기나 제비는 제가 난 곳으로 돌아올 때를 알고 있습니다. 그러나 그대도 난 곳으로 돌아갈 때를 알고 있습니까?

자연학자 피지올로구스는 산비둘기에 대해서 잘 설명하였습니다.

*

"내가 제비처럼 애타게 웁니다.

내가 비둘기처럼 구슬프게 웁니다."[3]

자연학자 피지올로구스는 비둘기가 몹시 수다스러운 새라고 말합니다. 그러나 제짝이 죽고 나면 다른 짝을 찾는 일 없이 세상을 버린 짝을 생각하면서 뒤따라 죽고 맙니다.

비둘기는 우리 주 예수 그리스도에 비길 수 있습니다.

그리스도는 우리에게 마치 수다스러운 영적인 비둘기와 같아서 사랑스럽고 달콤한 말씀을 전해 주십니다. 그 말씀은 반가운 복음을 알려주고, 하늘 아래 숨쉬는 모든 만물에게 울림을 남깁니다. 그러기에 만민의 교회인 신부가 비둘기에게 이렇게 외쳤던 것입니다.

"바위틈에 숨은 나의 비둘기여!
벼랑에 몸을 숨긴 비둘기여,
모습 좀 보여줘요.
목소리 좀 들려줘요.
그 고운 목소리를,
그 사랑스런 모습을."[4]

성서에도 이렇게 씌어 있습니다. 그리스도는 온유하고 천진한 비둘기와 같아서 그는 죄를 지으신 일도 없고 그 말씀에도 아무런 거짓이 없다고 말입니다.[5]

자연학자 피지올로구스는 산비둘기에 대해서 잘 설명하였습니다.

역자주 28 ———

* ‘산비둘기**turtur**’는 주로 고독한 삶에 대한 비유로 사용되었으나, 아리스토텔레스가 처음으로 산비둘기가 가진 일부일처의 습성에 대해서 기록하였다. 이후 중세와 근대에 와서 산비둘기는 ‘정절’과 ‘신실한 사랑’, ‘고독한 기도’를 의미하게 되었다. 그리스어로 ‘산비둘기**trygon**’와 ‘비둘기**peristera**’는 분명히 다르지만, 문학전승에서는 두 명칭이 구분없이 뒤섞이거나 혼동되는 일이 많았다.

1 **아가 2: 12** 공동번역에서는 “비둘기 꾸르륵 우는 우리 세상이 되었소”라고 옮겼다. ‘산비둘기turtur’를 ‘비둘기columba’와 혼동하였다.

2 **마태오 17: 5** 베드로의 이 말이 채 끝나기도 전에 빛나는 구름이 그들을 덮더니 구름 속에서 “이는 내 사랑하는 아들, 내 마음에 드는 아들이니 너희는 그의 말을 들으라” 하는 소리가 들려 왔다.
마르코 9: 7 바로 그때에 구름이 일며 그들을 덮더니 구름 속에서 “이는 내 사랑하는 아들이니 너희는 그의 말을 잘 들어라” 하는 소리가 들려 왔다.
루가 9: 35 이 때 구름 속에서 “이는 내 아들, 내가 택한 아들이니 그의 말을 들어라!” 하는 소리가 들려 왔다. 마태오 · 마르코 · 루가 복음서의 기록이 ‘filius meus dilectus내가 기뻐하는 아들’, ‘filius meus carissimus가장 사랑하는 아들’, ‘filius meus electus내가 택한 아들’로 제각기 다르게 되어 있다.

3 라틴 성서의 “Sicut pullus hirundinis sic clamabo meditabor ut columba”는 “나는 검정색 제비처럼 우짖고 비둘기처럼 구루룩거립니다”라고 옮길 수 있다. 여기서는 제비와 비둘기의 울음소리가 구슬픈 심정을 가리키기보다는 수다스러운 성질을 가리키기 위해서 인

용되었다.

4 **아가** 2: 14

5 **I 베드로** 2: 22 그리스도는 죄를 지으신 일이 없고 그 말씀에도 아
무런 거짓이 없었습니다.
이사야 53: 9
폭행을 저지른 일도 없었고
입에 거짓을 담은 적도 없었지만
그는 죄인들과 함께 처형당하고,
불의한 자들과 함께 묻혔다.

29

개구리*

개구리 가운데는 늪에서 사는 물개구리와 마른 땅에서 사는 뭍개구리가 있습니다. 자연학자 피지올로구스는 뭍개구리에게 태양이 뿜어내는 열기나 타오르는 화염을 너끈히 견디는 능력이 있다고 말합니다. 그러다가 갑자기 소낙비가 몰아치면 뭍개구리는 죽고 맙니다. 그러나 늪에서 사는 물개구리는 물 밖으로 뛰어 나왔다가도 햇살이 따갑게 쪼이면 얼른 물 속으로 첨벙 뛰어듭니다.

교회의 분깃인 여러분 가운데 용맹스러운 이들은 마

른 땅에서 사는 뭍개구리와 같습니다. 그래서 온갖 시험의 뜨거운 열기를 너끈히 이겨냅니다. 그러다가 소낙비가 쏟아지면, 곧 박해가 몰아쳐서 여러분의 의로움을 시험할 때면, 의연하게 죽음을 맞이합니다.

그러나 이 세상의 자식들은 물개구리와 같습니다. 시험과 욕망의 열기가 조금이라도 쪼이는 날이면 제풀에 넘어가고 마는 꼴이 그렇거니와, 또 육탐의 욕정에 풍덩풍덩 뛰어드는 꼬락서니가 물개구리와 무엇이 다르겠습니까?

자연학자 피지올로구스는 개구리에 대해서 잘 설명하였습니다.

역자주 29 ———

* 올챙이가 성장하면서 물에서 나와 뭍으로 서식 환경을 바꾸는 개구리로 변신하는 특성은 아리스토텔레스의 관찰 기록으로 남아 있다. 이전의 자연과학적 관찰을 아리스토텔레스가 정리하였을 가능성도 있다. 아리스토파네스의 희곡 〈개구리〉를 비교할 수 있다.

30

사슴*

다윗이 이르되,

"사슴이 시냇물을 찾듯이, 하느님,

이 몸은 애타게 당신을 찾습니다"

라고 하였습니다.[1]

자연학자 피지올로구스는 사슴이 악룡을 대적하여 물리친다고 말합니다. 악룡이 사슴을 보고 땅이 벌어진 곳까지 도망치면, 사슴은 달려가서 제 뱃속의 모든 구멍들을 샘물로 가득 채웁니다. 그리고 물을 뱉어 땅이 벌어진 곳에 흘려 넣으면 악룡은 도저히 견디지 못하고 밖으로 뛰쳐나옵니다. 이때를 노리던 사슴은 악룡을 무찔러서 죽입니다.

이와 같이 우리 주 예수 그리스도는 큰 악룡, 곧 마귀를 무찔러서 죽이셨으니 이것은 하늘의 샘물, 곧 구원의 가르침을 가지고 행하신 일입니다. 악룡이 물을 견디지 못하는 것과 같이 마귀는 하느님의 말씀을 견디지 못하기 때문입니다.

*

주님은 몸소 큰 용을 쫓으셨습니다. 마귀는 땅 속 깊은 곳으로 도망쳐서 크게 벌어진 곳에 몸을 숨겼습니다. 주님은 옆구리의 상처에서 흘러나온 물과 피를 땅 속 벌어진 곳에 쏟아 부으셨습니다. 부활의 세례를 통하여 우리를 악룡으로부터 구하셨습니다. 우리 마음 속에 숨어 있던 마귀의 권세를 말끔히 거두어내셨습니다.

*

그러므로 그대는 좋은 충고를 가슴 깊숙이 받아들이십시오. 그리고 복음서의 교훈을 구하십시오. 그대에게 전하는 말씀입니다. "간음하지 말아라. 음란한 짓을 하지 말아라. 도둑질하지 말아라."[2]

그대가 영적인 샘물을 맛보고 나면, 모든 더러운 것을 뱉어낼 것입니다. 그대의 가슴은 하느님의 성전이 되어서 성령이 그 안에 깃들 것입니다.[3]

역자주 30 ———

* 플리니우스는 사슴이 어떻게 뱀을 굴에서 몰아 내는지 설명한다. 물을 들이켰다가 뱉는 것이 아니라 입김을 불어넣어서 뱀을 굴 밖으로 유인한다는 설명은 피지올로구스와 다르다(N.H. 8. 118). 또 플리니우스는 사슴의 뿔을 태운 연기로 뱀의 접근을 막을 수 있다고 하였지만, 피지올로구스는 이 일화를 본문 제43장 '코끼리' 편에서 뜻을 바꾸어 인용하였다. 피지올로구스의 여러 판본 가운데 사슴이 악룡을 삼킨다는 내용으로 줄거리를 전개한 경우도 있다.

1 **시편 42: 1** 공동번역에는 '암사슴'으로 되어 있는데, 라틴 성서에는 '사슴' 또는 '수사슴'의 의미로 적혀 있다. 라틴 성서에는 시편 42: 2에 나와 있으며, "Quemadmodum desiderat cervus ad fontes aquarum ita desiderat anima mea ad te"에서 'cervus'는 '암사슴'이 아닌 '사슴'이고, 'ad fontes aquarum'은 '시냇물'이 아니라 '물이 솟는 샘들'이라고 옮길 수 있다.

2 **신명기 5: 18-19**
간음하지 못한다.
도둑질하지 못한다.
마태오 19: 18-19 그 젊은이가 "어느 계명입니까?" 하고 묻자 예수께서는 "살인하지 말라. 간음하지 말라. 도둑질하지 말라. 거짓 증언하지 말라… 하는 계명이다" 하고 대답하셨다.
마르코 10: 19 "'살인하지 말라', '간음하지 말라', '도둑질하지 말라', '거짓 증언하지 말라', '남을 속이지 말라', '부모를 공경하라'고 한 계명들을 너는 알고 있을 것이다."

3 **I 고린토 3: 16** 여러분은 자신이 하느님의 성전이며 하느님의 성령께서 자기 안에 살아계시다는 것을 모르십니까?

31

살라만더*

예언자가 이르되, "네가 불 속을 걸어가더라도 그 불길에는 그을리지도 타버리지도 아니하리라"라고 말하였습니다.[1]

살라만더라는 동물이 있습니다. 자연학자 피지올로구스는 살라만더가 화덕에 들어가면 불을 끄는 힘이 있다고 말합니다. 그뿐이 아닙니다. 살라만더가 목욕탕의 불아궁이에 들어가면 목욕탕을 달구던 불길이 이내 사그라들고 맙니다.

살라만더가 제 스스로 타고난 힘으로 불길을 죽일진대, 불구덩이에 던져졌던 젊은이 셋이 아무런 화를 입지 않고 도리어 불길을 제압하였다는 사실에 대해서 감히 의심을 품을 사람이 있겠습니까?[2] 예언자가 이르기를, "네가 불 속을 걸어가더라도 그 불길에 너는 그을리지도 타버리지도 아니하리라" 하신 말씀은 한 치도 어긋남이 없습니다.

살라만더가 스스로 타고난 힘으로 불길을 죽인다면, 의로운 길을 걷는 자들이 불길을 제압하는 능력은 과연 어느 정도가 되어야 마땅합니까? 또 사자들의 주둥이를 틀어막는 능력은 어느 정도가 되어야 마땅합니까?[3]

자연학자 피지올로구스는 살라만더에 대해서 잘 설명하였습니다.

역자주 31 ———

* 근대에 이르기까지 살라만더가 불 속에서 견뎌내는 성질을 가지고 있다는 사실이 의심받지 않았다. 아리스토텔레스(H.A. 552 b 15)와 테오프라스트가 살라만더의 이러한 특성에 대한 기록을 남겼다. 플리니우스는 이와 달리 살라만더가 맹독을 지닌 동물이라고 주장한다(N.H. 29. 4. 76). 살라만더의 두 가지 특징이 중세기에 다양하게 출간된 피지올로구스의 판본들에 반영되었다.

1 **이사야** 43: 2
네가 물결을 헤치고 건너갈 때 내가 너를 보살피리니
그 강물이 너를 휩쓸어가지 못하리라.
네가 불 속을 걸어가더라도 그 불길에 너는 그을리지도
타버리지도 아니하리라.

2 **다니엘** 3: 24-25 "꽁꽁 묶어서 화덕에 집어 넣은 것이 세 명 아니었더냐?" 그들이 대답했다. "임금님, 그렇습니다." "그런데 세 사람이 아무 탈없이 화덕 속에서 거닐고 있으니, 어찌된 일이냐? 저 넷째 사람의 모습은 신의 모습을 닮았구나."

3 **히브리** 11: 33-34 그들은 믿음을 가지고 여러 나라를 정복하였고 정의를 실천하였고 약속해 주신 것을 받았고 사자의 입을 막았으며 맹렬한 불을 껐고 칼날을 피하였고 약했지만 강해졌고 전쟁에서 용맹을 떨쳤고 외국 군대를 물리쳤습니다.

32

금강석*

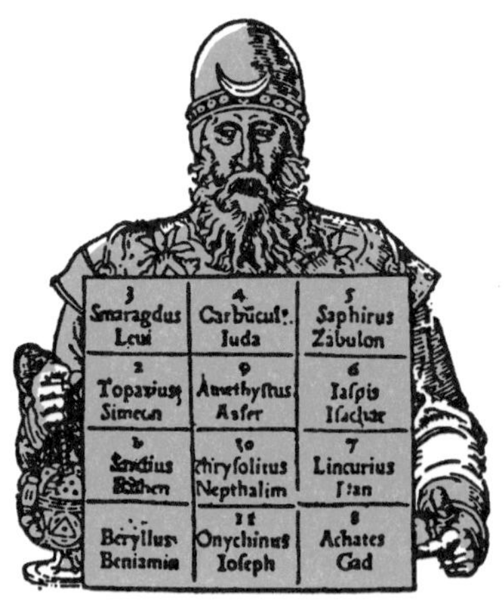

자연학자 피지올로구스는 금강석이 동방국에서 난다고 말합니다. 대낮에는 보이지 않다가 밤에만 나타나는 돌입니다. 당할 것이 없는 무적이라는 뜻에서 '아다마스'라는 이름으로 불립니다. 금강석을 이기는 돌이 없으므로 이런 이름이 붙었습니다.

이와 같이 우리 주 예수 그리스도는 모든 사람을 심판하지만, 누구도 그분을 심판할 수는 없습니다.[1] 주님께서 직접 "너희 가운데 누가 나에게 죄가 있다고 증명할 수 있느냐?"라고 말씀하시지 않았습니까?[2]

"그 이름은 떠오르는 사람이요,"[3] 또 "야곱에게서 한 별이 솟는구나"라고 하였습니다.[4] 그뿐이 아닙니다. "어둠 속에 앉은 백성이 큰 빛을 보겠고"라는 말씀도 있습니다.[5] 이제 성스러운 예언자들과 사도들은 금강석과 같은 임무를 가졌습니다. 시험에 굴복하지 않고 용맹하게 버텨내었으며 무엇에도 굴복하지 않았습니다.

*

'아다마스'라는 돌이 또 있습니다. 이 돌에 쇠를 대어도 잘리지 않고, 끌을 대어도 갈리지 않으며 모든 것을 태우는 불로도 녹이지 못합니다. 아다마스는 오직 염소의 피에 닿았을 때 돌의 단단하고 굳은 성질이 물러진다고 합니다. 염소의 피가 어떤 다른 짐승보다 가장 뜨겁기 때문입니다. 아다마스는 밤에만 보이는 돌입니다. 그리고 해가 떠오르는 동방국에서만 납니다.

그렇다면 과연 아다마스란 돌이 이처럼 상반된 성질을 갖는 것은 무슨 연유일까요? 이유는 이렇습니다. 어떤 사람이 하느님의 복음과 그리스도의 가르침을 가슴 깊이 받아들여서 신앙으로 삼기를 원하지만, 자신의 의지와는 딴판으로 정작 스스로의 마음을 추스리지 못하는 경우가 있습니다. 그런 사람이 아다마스가 가진 돌의 성질을 떠올리면 아무 문제없이 구원의 비밀을 영접하게 됩니다.[6]

만민의 주님이신 그리스도께서는 아침 해가 떠오르는 동방국의 베들레헴에서 한밤중에 나셨습니다. 우리와 똑같은 모습을 가지고 나셨습니다. 그러므로 그리스도는 어떤 권세에도 굴복하지 않습니다. 세상의 뭇 통치자·왕·권력자들이 그리스도를 해하려고 온갖 음모를 짜냈으나 아무런 소용이 없었습니다. 금강석을 시험하듯이 온갖 계략으로 그분을 시험하였으나 아무런 소용이 닿지 않았습니다.

금강석이 그리스도에 대한 분명한 비유로 사용된다는 사실은 예언자 아모스의 말에서도 알 수 있습니다. "보라, 내가 아다마스를 내 백성 이스라엘의 한가운데 드리웠다.[7] 또 웃음의 제단은 쑥밭이 되고, 이스라엘의 성소는 추방되어 황야로 쫓겨나게 되리라." 생각해 보십시오. 이와 같이 그리스도께서도 무적의 권능으로 우상의 제단을 치셨습니다. 그리고 이스라엘의 성소를 남김없이 폐허로 만들고 말았습니다. 남은 성소는 오직 크신 그리스도이시니, 누구도 당하지 못할 권능을 지니신 분입니다. 그리스도는 누구보다 월등한 분이었으나 뜨거운 피로 말미암아 자신을 굽히신 것은 아다마스가 그러하였던 것과 같습니다. 그렇기에 제베대오의 두 아들이 주님께 찾아와서 훗날 그의 오른편과 왼편에 자리를 차지할 수 있도록 간청하자 주님이 직접 이르시되 "너희는 내가 마시게 될 잔을 마실 수 있단 말이냐?" 하고 물으셨던 것입니다.[8]

사도 바울도 같은 생각을 가지고 이렇게 말하였습니다. "여러분은 죄와 맞서 싸우면서 아직까지 피를 흘린 일은 없습니다."[9] 염소의 피에 닿으면 녹아서 사라지는 금강석처럼, 그리스도 역시 뜨거운 피를 흘리시고 돌아가셨습니다. 오장육부가 흩어졌습니다. 그러나 이로써 그리스도는 하늘 나라를 차지하게 되었습니다.

역자주 32 ———

* 금강석에 해당하는 아다마스adamas를 '무엇으로도 당할 것이 없는' 이라는 뜻으로 풀이한 것은 플리니우스이다(37. 47). 피지올로구스가 소개한 일화의 뿌리는 티베리우스 황제 치하에서 활동하였던 크세노크라테스Xenokrates의 기록으로, 이후에 성 히에로니무스가 아모스서 주해를 쓰면서 이를 다시 인용하기도 하였다. 금강석이 염소의 피에 닿으면 용해된다는 피지올로구스의 설명도 세노크라테스에게서 가져왔다. 금강석이나 홍옥석을 밤에만 채광할 수 있다는 이야기는 고전 문헌에서 자주 등장한다. 율리아누스 아포스타타 황제가 쓴 귀금속의 상징에 관한 기록을 비교하면 좋다.

1 **I 고린토 2: 15** 영적인 사람은 무엇이나 판단할 수 있지만 그 사람 자신은 아무에게서도 판단받지 않습니다.
라틴 성서의 "Spiritalis autem iudicat omnia et ipse a nemine iudicatur"는 "영에 속한 이는 모두를 심판하지만 그 자신은 누구에 의해서도 심판받지 않는다"는 뜻이다.

2 **요한 8: 46** "너희 가운데 누가 나에게 죄가 있다고 증명할 수 있느냐? 내가 진리를 말하는데도 왜 나를 믿지 않느냐?"

3 **즈가리야 6: 12** 공동번역에서는 "이 사람을 보라. 그 이름은 새싹이니"라고 옮겨졌다. 그러나 라틴 성서의 "ecce vir oriens nomen eius"에서 'vir oriens'는 '떠오르는 사람' 또는 '동방의 사람'이라는 뜻이므로, "보라. 그의 이름은 떠오르는 사람이니" 혹은 "보라. 그의 이름은 동방의 사람이니"라고 옮겨야 한다. 루터 성서에서 "Siehe, es ist ein Mann, der heißt Sproß"를 "보라, 그는 사내요, 이름은 새싹이니"라고 옮긴 것은 지나친 의역이다.

본문에서는 금강석이 해가 떠오르는 동방국에서 난다는 사실과 연관지었다.

4 **민수기** 24: 17
이 눈에 한 모습이 떠오르는구나.
그러나 당장 있을 일은 아니다.
그 모습이 환히 보이는구나.
그러나 눈앞에 다가온 일은 아니다.
야곱에게서 한 별이 솟는구나.
이스라엘에게서 한 왕권이 일어나는구나.
그가 모압 사람들의 관자놀이를 부수고
셋의 후손의 정수리를 모조리 부수리라.

5 **마태오** 4: 16
어둠 속에 앉은 백성이 큰 빛을 보겠고
죽음의 그늘진 땅에 사는 사람들에게 빛이 비치리라.
이사야 9: 2
어둠 속을 헤매는 백성이 큰 빛을 볼 것입니다.
캄캄한 땅에 사는 사람들에게 빛이 비쳐올 것입니다.
피지올로구스가 금강석의 특성을 설명하다가 갑자기 민수기 24: 17과 마태 4: 16의 구절을 인용하면서 예수 탄생의 비밀과 연관지은 것은 성서의 본디 의미맥락과 상관없이 금강석의 상징해석을 종교적으로 확장하려는 의도에서 그랬을 것이다. 이른바 '첸토cento 기법'으로 불리는 '인용문 이어붙이기'는 베르길리우스의 첸토 이후 고대의 문학적 전통으로 자리잡았다.

6 돌의 두 가지 성질을 음미함으로써 신앙의 내적 갈등을 해소하는 유비적 해결책으로 제안되었다.

7 **아모스** 7: 8 공동번역에는 "나 이제 다림줄을 내 백성 이스라엘의 한가운데 드리웠다"로 옮겨졌다. 라틴 성서의 "Ecce ego ponam trullam in medio populi mei Israhel"에서 'trullam'은 아모스의 대답 'trullam cementarii'를 반복한 말로 '담의 기울기를 측정하는 납추'를 뜻한다. 루터 성서에는 '납끈Bleischnur'으로 옮겨졌다. 여기서 금강석 혹은 아다마스를 드리웠다는 본문의 내용은 피지올로구스가 알려지지 않은 다른 문헌 전거를 인용하였거나 오역일 가능성이 크다.

8 **마르코** 10: 35-38 제베대오의 두 아들 야고보와 요한이 예수께 가까이 와서 "선생님, 소원이 있습니다. 꼭 들어주십시오" 하고 말하였다. 예수께서 그들에게 "나에게 바라는 것이 무엇이냐?" 하고 물으시자 그들은 "선생님께서 영광의 자리에 앉으실 때 저희를 하나는 선생님의 오른편에, 하나는 왼편에 앉게 해주십시오" 하고 부탁하였다. 그래서 예수께서는 "너희가 청하는 것이 무엇인지나 알고 있느냐? 내가 마시게 될 잔을 마실 수 있으며 내가 받을 고난의 세례를 받을 수 있단 말이냐?" 하고 물으셨다.
마태오 20: 20-22와 비교할 수 있다.

9 **히브리서** 12: 4

33

제비*

겨울이 지나면 제비는 봄 소식을 가지고 돌아옵니다. 새벽녘에 재잘대며 지저귀는 제비의 울음소리는 잠든 이들을 깨워서 하루의 일과를 시작하게 합니다.

높은 경지에 도달한 고행자도 이와 같습니다. 육신에 휘몰아치는 겨울의 시련이 지나면, 다시 말해 육정이 꺼지고 나면 순결한 몸으로 자리에서 일어납니다. 고행자는 새벽 어스름에 하느님의 말씀을 묵상하는 경건한 훈련을 거르지 않으며, 또한 잠자리가 어지러운 사람들을 흔들어

깨웁니다. 고행자들은 선한 영혼을 일깨우면서 이렇게 말합니다.

"잠에서 깨어나라.

죽음에서 깨어나라.

그리스도께서 너에게 빛을 비추어 주시리라."[1]

또 이렇게 말합니다.

"야훼여, 당신은 아침 기도를 들어주시기에

이른 아침부터 제물을 차려 놓고

당신의 처분만을 기다리고 있사옵니다."[2]

자연학자 피지올로구스는 제비에 대해서 잘 설명하였습니다.

제비는 단 한 차례 수놈 새끼를 부화시키고 나면 더 이상 알을 품지 않습니다. 우리의 구세주께서도 단 한 차례 인간의 자궁에 오르셨고, 단 한 차례 태어나셨고, 단 한 차례 묻히셨고, 단 한 차례 죽은 자 가운데서 다시 살아나셨습니다. "주님도 한 분이시고, 믿음도 하나이고, 세례도 하나이며, 만민의 아버지이신 하느님도 한 분이십니다."[3]

자연학자 피지올로구스는 제비에 대해서 잘 설명하였

습니다.

*

제비는 물 찬 듯 재빠르고 민첩한 새입니다. 제비는 한때를 빈들에서 보내고 한때를 골목길에서 지냅니다. 사람들과 더불어 지내는 것입니다. 먹이를 찾아서 들판과 마을을 번갈아 날아다니다가 이슥고 사람이 사는 인가에 보금자리를 짓습니다. 새끼가 생기면 어미와 아비는 둥지를 들락거리면서 먹이를 물어오고 새끼의 입에다 넣어 줍니다.

그런데 제비 새끼 가운데 눈이 상해서 앞을 보지 못하는 놈이 있습니다. 그러면 어미 제비는 곧장 빈들로 날아가서 약초를 물어옵니다. 앞 못 보는 새끼 제비의 눈에다 약초를 발라 주면 어느새 눈이 씻은 듯이 나아서 잘 보이게 됩니다.

그러므로 그대, 현명한 인간이여! "멀리 멀리 광야로 가서 숨으리라"고 했던 예언자의 말씀을 기억하십시오.[4] 그리고 새로운 사람이 되십시오. 지금도 그렇고 또한 앞으로도 부디 열매를 맺는 인간이 되십시오.

만약에 그대가 죄악에 빠지고 앞을 바라보는 눈을 잃

어버린다면, 외딴 빈들로 나아가십시오. 빈들은 견고한 도성을 의미합니다.[5] 그곳에서 약초를 찾으십시오. 약초는 참회를 의미합니다. 그리고 나서 하느님을 버렸던 캄캄한 그대의 눈 위에 약초를 이겨 바르십시오. 그 본질이 하나이신 삼위일체의 권능이 그대의 눈에서 죄의 어둠을 거두어낼 것입니다. 죄의 뿌리까지 거두어낼 것입니다.

자연학자 피지올로구스는 제비에 대해서 잘 설명하였습니다.

역자주 33 ———

* 그리스인들은 예로부터 제비를 두고 봄소식을 전하는 전령 새라고 불렀다. 남아 있는 기록 가운데 사모스의 에이레시오네Eiresione가 가장 오래되었다. 아리스토파네스도 희곡작품 〈기사〉 419에서 제비를 봄의 전령으로 불렀다. 남쪽으로 떼 지어 날아가는 제비의 습성과 눈먼 새끼 제비의 눈을 고치는 어미 제비에 관해서는 아리스토텔레스(H.A. 600 a 15)와 플리니우스(N.H. 10. 70)의 기록이 피지올로구스와 가장 유사하다.

1 **에페소 5: 14**

2 **시편 5: 3**
라틴 성경에는 시편 5: 4에 나와 있다.

3 **에페소 4: 5-6**

4 **시편 55: 7** 멀리멀리 광야로 가서 숨어 있으련만,
라틴 성경에는 시편 55: 8에 나와 있다.

5 **시편 60: 9**
"누가 나를 에돔까지 모실 것인가?
누가 나를 그 견고한 성으로 인도할 것인가?"
라틴 성경에는 시편 60: 11에 나와 있다.

34

페리덱시온 나무*

인도에 페리덱시온이라는 나무가 있습니다. 나무 열매가 비길 데 없이 달콤하고 향긋해서 먹기에 좋습니다. 비둘기들이 이 나무에 올라 앉아서 과실의 맛을 즐깁니다. 또한 나무에 둥지를 틀기도 합니다. 그러나 비둘기를 호시탐탐 노리는 악룡이 있으니, 이 놈은 비둘기의 천적이자 원수입니다. 다만 악룡은 페리덱시온 나무를 두려워하기에 비둘기가 둥지 튼 곳으로 감히 다가서지 못합니다. 나무 그림자까지도 두려워하므로 비둘기를 뻔히 보면서도 감히 다가서지 못합니다.

나무 그림자가 서쪽으로 드리우면 악룡은 얼른 동쪽으로 피해 달아납니다. 나무 그림자가 동쪽으로 기울려고 하면 악룡은 냉큼 서쪽으로 날아 도망갑니다. 어쩌다가 비둘기가 어둠에 길을 잃어서 페리덱시온 나무를 찾지 못하고 헤매면 악룡이 비둘기를 찾아내어서 죽이고 맙니다.

이 나무는 전능하신 아버지의 비유이기도 합니다. 마치 대천사 가브리엘이 성처녀 마리아에게 나타나서 하신 말씀과 같습니다. "성령이 너에게 내려오시고 지극히 높으신 분의 힘이 감싸 주실 것이다."[1]

생명의 나무는 곧 지혜이시니, 이 나무에 깃드는 제때에 열매를 결실하는 모든 영혼이 나무의 덕을 고루 누릴 것입니다. 나무가 드리우는 그늘은 우리의 든든한 은신처입니다.

우리가 지혜의 나무에 매달려 있는 동안, 그리고 성령께서 맺어주시는 지혜의 열매를 맛보는 동안에는 기쁨·평화·절제·인내가 우리와 함께합니다.[2] 못된 원수가 가까이 다가오지 못하기 때문입니다. 그러나 우리가 어둠의 역사에서 길을 잃고 헤매면, 음행과 음란과 우상 숭배와 욕정과 나쁜 욕망과 탐욕이 우리와 함께합니다.[3] 마귀는 우리가 생명의 나무에 붙어 있지 않은 것을 보고 어렵지 않게 우리를 사로잡습니다.

그러기에 사도 바울은 십자가의 나무에게 사탄의 권세를 물리치는 힘이 있는 것을 알고 이렇게 말하였습니다. "나에게는 우리 주 예수 그리스도의 십자가밖에는 아무것도 자랑할 것이 없습니다. 그리스도께서 십자가에 못박히심으로써 세상은 나에 대해서 죽었고, 나는 세상에 대해서 죽었습니다."[4]

자연학자 피지올로구스는 페리덱시온 나무에 대해서 잘 설명하였습니다.

역자주 34 ———

* 플리니우스는 물푸레나무와 나무의 수액, 그리고 나무 그림자에 뱀을 쫓고 독을 제거하는 탁월한 효과가 있다고 전한다(N.H. 16. 24). 여기에다 마태오 13:31과 마르코 4:30, 그리고 루가 13:18에서 하늘나라의 비유로 등장하는 나무의 내용이 덧붙여졌다. 이로써 수많은 새들이 깃들어 사는 생명나무의 종교적 비유가 완성되었다. 헤르메스(Hermes II 65. 20)에 기술된 '우주의 나무'나 게르만 토속신앙의 '익드라질**Ygdrasil**'에서도 플리니우스와 마찬가지로 물푸레나무의 상징이 반복된다. 피지올로구스가 설명하는 페리덱시온을 '우주의 물푸레나무'로 보아도 무리가 없을 것이다. '달콤하고 향기로워서 먹기 좋은' 열매의 성질은 나무의 명칭이 '양쪽으로 도움이 되는'이라는 의미의 페리덱시온으로 결정되는 근거로 작용하였을 것으로 보인다.

1 **루가 1: 35** 라틴 성서의 "Spiritus Sanctus superveniet in te et virtus Altissimi obumbravit tibi"는 "성령이 그대를 덮으시며 지극히 높으신 분의 힘이 그대에게 그림자를 드리우시리라"라고 옮길 수 있다. 본문에서는 악룡을 퇴치하는 페리덱시온 나무의 그림자를 악을 물리치는 전능하신 하느님에 빗대면서 '그림자를 드리운다ob-umbrare'의 표현에 주목하였다. 그 밖에 잠언 3: 18, 시편 1: 3, 시편 57: 1를 참조하고 시편 17: 8과 시편 91: 1을 비교할 수 있다.

2 **갈라디아 5: 22** 성령께서 맺어주시는 열매는 사랑, 기쁨, 평화, 인내, 친절, 선행, 진실, 온유, 그리고 절제입니다.

3 **골로사이 3: 5-6** 여러분은 모든 세속적인 욕망을 죽이십시오. 음행과 더러운 행위와 욕정과 못된 욕심과 우상숭배나 다름없는 탐욕

따위의 욕망은 하나님을 거역하는 자들에게 내리시는 하느님의 진노를 살 것입니다.

갈라디아 5: 19-21 육정이 빚어 내는 일은 명백합니다. 곧 음행, 추행, 방탕, 우상 숭배, 마술, 원수 맺는 것, 싸움, 시기, 분노, 이기심, 분열, 당파심, 질투, 술주정, 흥청대며 먹고 마시는 것, 그 밖에 그와 비슷한 것들입니다.

4 **갈라디아 6: 14** 라틴 성서의 "Mihi autem absit gloriani nisi in cruce Domini nostri Iesu Christi per quem mihi mundus crucifixus est et ego mundo를" "나에게는 우리 주 예수 그리스도의 십자가밖에 영광스러운 것은 없습니다. 그분으로 말미암아 세상이 십자가에 못 박힌 것을 내가 보았고, 내가 십자가에 못 박힌 것을 세상이 보았습니다"라고 옮길 수 있다.

35

비둘기*

세례 요한이 이르기를, "나는 성령이 하늘에서 비둘기 모양으로 내려와 이분 위에 머무르는 것을 보았다"라고 하였습니다.[1] 그리고 하늘에서 들리는 소리가 있어 가로되,

"이는 내 사랑하는 아들,

내 마음에 드는 아들이다"

라고 하셨다고 합니다.[2]

자연학자 피지올로구스는 갖가지 비둘기에 대해서 설명합니다. 비둘기 사육사는 비둘기 집에다 형형색색의 비

둘기들을 키웁니다. 암회색, 검정색, 황금색, 순백색, 붉은색의 비둘기들이 저마다 깃털을 뽐냅니다.

자연학자 피지올로구스는 비둘기를 이렇게 설명합니다. 사육사가 문을 열고 비둘기들을 날려 보냅니다. 그러나 비둘기들은 돌아올 적에 다른 사육사가 키운 비둘기들을 데리고 오는 일이 없습니다. 여느 비둘기에게는 다른 비둘기를 설득해서 끌어올 능력이 없습니다. 다만 붉은색 비둘기만이 다른 모든 비둘기들을 원래 있던 비둘기 집으로 몰고 옵니다. 다른 비둘기들을 설득합니다.

하느님께서는 그리스도가 세상에 나시기 전에 많은 비둘기들을 날려 보냈습니다. 모세·엘리야·사무엘·예레미아·이사야·에제키엘·다니엘, 그리고 많은 다른 예언자들을 보내셔서 생명의 복음을 전파하게 하셨습니다. 그러나 그 가운데 누구 하나 인간을 생명으로 이끌지 못하였습니다. 하느님은 마지막으로 우리 주 예수 그리스도를 하늘에서 파견하셨습니다. 그리스도는 자신의 피를 흘리시고 이로써 모든 인간을 생명으로 이끌었습니다. 그리스도가 이르시되, "고생하며 무거운 짐을 지고 허덕이는 사람은 다 나에게로 오너라. 내가 너희를 편히 쉬게 하리라" 하고 말씀하셨습니다.[3]

그리스도는 붉은색 비둘기와 같습니다. 아가서에서 신부가 "내 임은 붉으며"라고 노래한 것과 마찬가지입니다.[4] 여기서 내 임이란 그리스도를 가리킵니다.

한갓 창녀에 불과하였던 라합도 진홍색 줄에 대한 믿음으로 자신의 생명뿐 아니라 가족과 일가친척들의 목숨까지 건졌습니다.[5] 또한 솔로몬은 아가 서에서 "그대 입술은 새빨간 실오리"라고 읊었습니다.[6] 성모 마리아조차 진홍색과 자홍색 옷을 몸에 걸치기를 마다하지 않았습니다. 마태오 복음서에는 그리스도가 십자가 책형을 받으시기 이전에 진홍색 옷을 입으셨다고 기록되었고, 요한 복음서에는 자홍색 용포를 걸치셨다고 씌어 있으니,[7] 이 둘은 모두 숨겨진 비밀을 드러냅니다. 마태오가 '진홍색'이라고 쓴 것은 그리스도의 육화에 대한 비밀을 옮긴 것이요, 요한이 '자홍색'이라고 쓴 것은 왕의 신분을 해석한 것입니다. 왕이 아니고서야 누구라도 자홍색 도포를 입을 수 없기 때문입니다.

자연학자 피지올로구스는 붉은 색 비둘기에 대해서 잘 설명하였습니다.

*

자연학자 피지올로구스는 비둘기가 떼 지어 날아다니면 매가 감히 가까이 다가가지 못한다고 말합니다. 비둘기들이 무리 지어 날개를 퍼덕이는 소리에 겁을 집어먹기 때문입니다. 그러나 비둘기 한 마리가 무리를 벗어나서 길을 잃으면 대번에 달려들어서 간단히 삼키고 맙니다.

이 이야기를 순결한 처녀들이 취해야 할 몸가짐과 연관지어 말씀드릴 수 있겠습니다.[8] 처녀들이 교회 안에서 무리 지어 모여 있습니다. 이들은 입을 맞추어 하느님께 드리는 기도와 찬양의 아름다운 노래를 합창합니다. 이럴 때에는 못된 마귀가 아무리 애를 써도 처녀들에게 다가가지 못합니다. 기도와 찬양의 노래가 너무 힘차기 때문에 마귀가 오히려 두려워합니다. 그러나 무리에서 떨어져 나와 길 잃은 처녀를 발견하면 마귀는 대번에 달려들어서 간단히 죽이고 맙니다.

이와 같이 처녀뿐 아니라 그리스도인이라면 누구나 하느님의 공동체를 떠나지 말아야 합니다. 못된 마귀의 제물이 될 위험이 있기 때문입니다.

주님이 이르시되, "비둘기처럼 양순하라"라고 하셨습니다.[9] 비둘기는 새끼를 빼앗겨도 자신으로부터 새끼를 빼앗아간 상대방을 미워하지 않습니다. 다만 새로운 동굴을 찾아서 둥지를 틀고 다시 새끼를 부화합니다.

비둘기는 우리에게 누구를 대하든지 나쁜 마음을 먹어서는 안 된다는 사실을 가르쳐줍니다. 누가 우리의 소유를 빼앗아 가더라도 노여워하거나 어리석게 대처하지 않아야 합니다. 무슨 일을 당하더라도 기쁜 마음으로 받아들여야 합니다.

역자주 35 ———

* 비둘기에 관한 기록은 아리스토텔레스(H.A.V 13. p.544 b 1부터), 특히 붉은 색 비둘기에 관한 기록은 아일리아누스(4. 2)가 전한다. 고대 문헌에서 비둘기나 붉은색 비둘기는 모두 에뤽스**Eryx** 산의 비너스-아프로디테 신앙과 연관되어 있다. 해마다 한 차례씩 리비아를 방문하는 비너스와 함께 비둘기들도 그곳으로 날아간다. 아흐레가 지나면 황금빛이 나는 진홍색 비둘기가 처음 출발하였던 곳으로 되돌아오는데, 이를 따라서 다른 비둘기들도 떼 지어 돌아온다고 한다. 사람들은 이 날을 가리켜 '인도하심,' 곧 '아나고기아**anagogia**'의 축제로 기리는 풍습이 있었다는 것이다.

1 **요한 1: 32** 라틴 성서의 "Quia vidi Spiritum descendentem quasi columbam de caelo et mansit super eum"을 "나는 성령이 비둘기처럼 하늘에서 내려와서 그분 위에 머무르는 것을 보았다"로 옮길 수 있다. 성령이 비둘기의 모습으로 형상을 바꾼 것이 아니라, 비둘기가 하늘에서 날아 내려오듯이 성령이 임하는 모습을 빗댄 것이다. 마태오 3: 16과 비교할 수 있다.

2 **마태오 3: 17**

3 **마태오 11: 28**

4 **아가 5: 10** 공동번역에서는 "나의 임은 말쑥한 몸매에 혈색이 좋아 만인 위에 뛰어난 사람이라오"로 옮겼다. 그러나 라틴 성서의 "Dilectus meus candidus et rubicundus electus ex milibus"는 "나의 임은 희고 붉으며 수천 가운데 골라 뽑은 사람이라"라고 옮길 수 있다.

5 **여호수아** 2: 21 그들이 떠나 간 다음, 그 여자는 창문에 분홍 줄을 달아 두었다.
라합이 표시로 창문에 드리웠던 'funiculum coccineum'은 '진홍색 줄'로 옮길 수 있다. 라합은 여호수아가 예리고를 정탐하기 위해서 파견한 정탐꾼들을 숨겨 주었던 창녀이다.
히브리서 11: 31 창녀 라합은 믿음으로 정탐꾼을 자기 편처럼 도와주어 하느님을 거역하는 자들이 당하는 멸망을 같이 당하지 않았습니다.

6 **아가** 4: 3

7 **마태오** 27: 28 예수의 옷을 벗기고 대신 주홍색 옷을 입힌 뒤
요한 19: 2 병사들은 가시나무로 왕관을 엮어 예수의 머리에 씌우고 자홍색 용포를 입혔다.
여기서 마태오 27: 28의 '주홍색 옷'은 '진홍색 겉옷chlamyda kokkinen'으로, 요한 19: 2의 '자홍색 용포'는 '자홍색 외투himation porpyroun'로 옮길 수 있다.

8 이 비유는 2세기에 안티오키아의 이그나티우스가 에페소인들에게 보낸 편지(c. 4 M. 5 p.648)의 내용과 일치한다. 교회 공동체를 비둘기 떼에 빗댄 것은 아우구스티누스와 그레고리우스 대제의 기록이 시기적으로 가장 이르다.

9 **마태오** 10: 16 공동번역에서는 "그러므로 너희는 뱀같이 슬기롭고 비둘기같이 양순해야 한다"로 옮겼으나, 라틴 성서의 "Estote ergo prudentes sicut serpentes et simplices sicut columbae"는 "그러므로 너희는 뱀처럼 지혜롭고 비둘기처럼 단순하여라"라는 뜻이다. 'simplex'는 '두 마음을 품지 않는 정직함'과 '어리석은 단순함'의 두 가지 의미를 가진 말이다.

36

안톨롭스*

안톨롭스라는 동물이 있습니다. 대담무쌍한 성질을 가지고 있어서 사냥꾼이 감히 어찌하지 못하는 동물입니다. 머리 위에 톱처럼 생긴 기다란 뿔이 두 개 솟아 있어서 굵고 높은 나무를 썰어서 넘어뜨립니다. 안톨롭스는 목이 마를 때면 유프라테스강에 가서 목을 축입니다. 강가에는 가지가 가느다란 덤불이 무성합니다. 뿔을 가지고 풀섶을 휘저으며 놀던 안톨롭스는 자칫 덤불에 몸이 걸려서 옴짝달싹 못하는 지경이 되고 맙니다. 안톨롭스는 울부짖으면서 덤불을 빠져 나오려고 무진 애를 쓰지만 어떠한 노력도 소용없이 몸뚱이가 친친 감기고 맙니다. 신음소리를 듣고 다가온 사냥꾼이 안톨롭스를 대번에 때려 죽이고 맙니다.

그러므로 그대, 교회의 분깃이여. 그대는 두 개의 뿔을 가지고 있으니 곧 구약과 신약 성서가 그것입니다. 음행·방탕·탐욕·거만과 물질에 대한 욕심으로 뒤엉켜 있는 덤불을 이 뿔들을 가지고 물리치십시오.[1] 그렇지 않으면 사냥꾼이 그대를 덮치게 될 것입니다.

역자주 36 ———

* Antalops, Antelups, Antula, Antule, Aptalon, Aptalops, Autalops, Autula, Entulla의 다양한 표기가 있다. 안톨롭스antholops가 실제로 어떤 동물을 가리키는지 밝혀지지 않았다. 피지올로구스의 다양한 판본에서 휘드롭스hydrops라는 이름으로 등장하기도 한다. 안톨롭스의 명칭은 추측건대 피지올로구스의 콥트어 번역 '안틸로페antilope'에서 처음으로 기원한 것으로 보인다. 안틸로페가 안톨롭스로 바뀌어 불리게 된 경위도 불확실하다. 아라비아어로는 자무르jamur이다.

1 **갈라디아 5: 19-21** 육정이 빚어내는 일은 명백합니다. 곧 음행, 추행, 방탕, 우상 숭배, 마술, 원수 맺는 것, 싸움, 시기, 분노, 이기심, 분열, 당파심, 질투, 술주정, 흥청대며 먹고 마시는 것, 그 밖에 그와 비슷한 것들입니다.

37

부싯돌*

동방국에는 불을 일으키는 돌이 있습니다. 돌 가운데 하나는 수컷의 성질을 가졌고, 다른 것은 암컷의 성질을 가졌습니다. 두 개의 돌을 따로 떼어 놓으면 불이 일어나지 않습니다. 그러나 암수의 성질을 가진 돌을 가까이 마주 놓으면 불이 피어올라서 무엇이든 삼켜버립니다.

그러므로 그대, 교회의 바른 분깃이여. 부디 여자를 멀리 하십시오. 여자를 가까이 하면 욕정이 달아올라서 그대의 훌륭한 덕목들을 모조리 태우게 됩니다. 삼손을 보십시오. 그는 여자를 가까이 했던 탓에 가지고 있던 괴력이 가윗날에 잘려서 사라지지 않았습니까? 정의로웠던 솔로몬과 요셉을 생각해도 마찬가지입니다. 기록에 따르면 이들도 여자의 아름다움과 어여쁜 자태로 말미암아 맑았던 마음이 흐려지고 말았습니다.[1]

역자주 37 ———

* 암컷과 수컷의 성질을 가진 돌에 대해서 플리니우스의 기록이 남아 있다(N.H. 36. 151). 그러나 불을 일으키는 성질에 대해서는 언급하지 않는다. 피지올로구스가 설명하는 부싯돌의 교훈에서는 세 가지 다른 모티프를 구별할 수 있다. 첫째, 불을 일으키는 부싯돌의 성질이 전제되었다. 둘째, 불씨를 얻기 위해서 부드러운 나무와 단단한 나무를 마찰시키는 과정을 암수의 돌이 불을 일으키는 과정으로 읽는 형식전이가 필요하다. 셋째, 그리스어 'pyrousthai'가 남녀 사이에 불타오르는 육정의 불길을 형용하고, 이로 인하여 인간의 훌륭한 덕목이 사라진다는 교훈의 의미로 해석하는 관점이다.

1 **예수 위경** Liber Iesu Filii Sirach 9: 9 라틴 성서의 "Propter speciem mulieris multi perierunt, et ex hoc con-cupiscientia quasi ignis exardescit"은 "왜냐하면 여자들은 많은 남자들을 파멸시켰고, 여기에서 못된 욕정이 불처럼 타오르기 때문입니다"로 옮길 수 있다.

38

자석*

자연학자 피지올로구스는 '자석'이라는 광석이 있어서 쇠를 끌어당겨서 붙는 성질이 있다고 말합니다. 쇠를 자석에 붙여두면 떨어지지 않고 붙어 있다고 합니다.

창조주가 지어 내신 것들이 이처럼 서로 달라붙는 성질을 가지고 있을진대, 그렇다면 이 세상을 지어 내신 크나큰 건축가이자 창조주께서 하늘과 땅을 하나로 매어 두시고 하늘을 차일처럼 펼치신 것은 얼마나 놀라운 일이겠습니까?[1]

자연학자 피지올로구스는 자석에 대해서 잘 설명하였습니다.

역자주 38

* 자석이 쇠에 달라붙는 성질을 가지고 있고, 암수의 자석이 있다는 사실은 고대 문헌에 여러 차례 기록되었다. 피지올로구스의 설명은 잠언 73:29의 “나는 하느님에게 달라붙어 있는 것이 좋사오니…”에서 나온 것으로 보인다. 공동번역에서는 “하느님 곁에 있는 것이 나는 좋사오니…”로 옮겨졌으나, ‘proskollasthai’는 ‘자석처럼 달라붙는다’라는 뜻이다.

1 **시편 104: 2**

두루마기처럼 빛을 휘감았습니다.
하늘을 차일처럼 펼치시고

톱상어*

바다에 사는 동물 가운데 '톱상어'라는 것이 있습니다. 기다란 지느러미가 달린 바다 동물입니다. 범선이 돛을 펼치고 돛줄을 늘어뜨린 채 파도를 미끄러져 나가는 것을 보고는 저도 흉내를 낸답시고 날개를 펴고 범선과 속도를 겨루면서 달려갑니다. 삼사 마일쯤 부지런히 따라가다가 지치면 슬그머니 날개를 접고 파도에 몸을 실어서 조금 전에 출발하였던 자리로 되돌아옵니다.

여기서 바다는 이 세상을 빗댄 것입니다. 범선은 예언

자들과 사도들과 순교자들입니다. 파도를 가르고 나아가는 삶의 온갖 풍파를 다 겪은 다음에 마침내 바다를 가로질러 평화로운 항구에 도착하니, 곧 하늘 나라에 이른 것입니다.

'톱상어'라는 동물은 어떤 사람을 빗대었을까요? 처음에는 하느님의 나라에 들기 위해서 힘써 노력하고 선행을 쌓아가다가 마음이 꺾여서 예전의 세상살이로 돌아가는 사람입니다. 목적지에 다다르지 못하고 여정을 포기하는 그런 사람들을 빗댄 것입니다.

자연학자 피지올로구스는 '톱상어'라는 바다 동물에 대해서 잘 설명하였습니다.

역자주 39 ———

* 톱상어가 돌고래일 것이라는 주장은 아리스토텔레스로부터 나왔다. 아리스토텔레스는 돌고래가 생선을 '톱질한다pristis'고 서술하였다. 돌고래의 '날개'에 대해서는 아리스토텔레스(H.A. 622 b 10)와 오피아누스(Hal. I 338)의 기록이 전해진다.

40

따오기*

율법에서는 따오기를 부정한 날짐승이라고 말합니다.[1] 따오기는 물 속 깊이 잠수하지 못하기 때문에 강이나 호수의 가장자리 둔덕을 배회하면서 먹이를 구합니다. 깊은 물에 들어가서 깨끗한 고기를 취하지 못하기에, 조그마한 잡물고기들이 노니는 얕은 물가를 떠나지 못합니다.

그러므로 그대는 영적으로 잠수하는 법을 배우십시오. 하느님의 심오하신 풍요와 지혜와 지식이 넘쳐나는 성령의 강물 깊이 뛰어드십시오.[2]

이때 그대가 두 팔을 활짝 벌려서 십자가의 표시를 만들지 않는다면 인생의 바다를 헤쳐나가지 못할 것입니다. 십자가의 형상은 창조주께서 지으신 모든 것을 헤쳐나가기 때문입니다.[3] 태양도 그렇습니다. 만약에 빛의 다발을 한껏 펼치지 않는다면 태양인들 어떻게 빛날 수 있겠습니까? 달도 뾰족한 두 개의 뿔을 활짝 벌리지 않는다면 빛을 잃고 말 것입니다. 날개를 펼치지 않는 새는 높이 날아오를 수 없습니다. 모세는 두 팔을 벌려서 아말렉을 물리쳤습니다. 다니엘이 사자를 물리칠 때에도 그러하였습니다. 요나는 고래의 뱃속에 삼켜졌고, 테클라는 불 속에 던져졌고, 맹수와 해마에게 던져진 이들도 있었습니다. 그러나 십자가의 형상이 이들의 생명을 모두 구하였습니다. 수잔나는 늙은 장로들의 위증에 빠졌고, 유딧은 홀로페르네스의 손에 붙여졌습니다. 에스델은 하만의 계략에 걸려들었고, 불구덩이에 던져졌던 세 젊은이들도 있었습니다. 이들은 모두 믿음으로써 구원을 받았습니다. 이들을 해하려 했던 자들보다 더 나쁜 것이 있으니 바로 따오기입니다. 죄의 씨앗은 반드시 죄를 잉태하기 마련입니다.

역자주 40 ———

* '따오기ibis'는 이집트에서 신성한 동물에 속하였으나 모세 삼경 레위기에서는 부정한 동물로 꼽았다. 루터는 이를 '돼지Schwein'로 번역하였다. 잡스런 먹이를 즐겨 먹는 따오기의 습성은 아일리아누스(9. 29), 그리고 물을 겁내는 성질은 뤼두스Lydus(mens. IV 79)가 제각기 언급한다.

1 **레위기 11: 17**

2 **로마서 11: 33** 오! 하느님의 풍요와 지혜와 지식은 심오합니다.

3 피조물에서 십자가의 형상이 갖는 상징성을 설명하는 피지올로구스의 입장은 순교자 유스티누스Iustinus와 가장 유사하다. 그러나 유스티누스가 피지올로구스보다 시기적으로 앞섰는지 뒤졌는지는 정확하지 않다. 아말렉군과 싸우던 모세가 팔을 들어올린 자세를 취한 것을 두고 십자가의 형상이라고 해석한 것은 107-120년 사이에 씌어진 것으로 추정되는 바르나바의 편지(12 M 2 p.761)에서 확인되었다.

41

가젤영양*

산을 타고 오르는 짐승 가운데 가젤영양이 있습니다. 자연학자 피지올로구스는 가젤영양이 높은 산을 몹시 좋아하지만 먹이를 구할 때에는 깊은 골짜기까지 내려온다고 말합니다. 가젤영양은 누가 자신에게 접근하는지 멀찌감치에서 식별할 뿐 아니라, 그가 악의를 품었는지 호의를 품었는지 판별할 수 있다고 합니다.

이 이야기는 하느님의 지혜를 드러내는 인장과 같습니다. 하느님의 지혜는 높은 산, 곧 예언자들을 사랑합니다.

성서에 이르되,

"사랑하는 이의 소리,
산 너머 언덕 너머
노루같이, 날랜 사슴같이
껑충껑충 뛰어오는 소리"[1]

라고 하신 것과 같습니다. 여기서 산은 예언자들을 빗대었고, 언덕은 사도들을 가리킵니다.

*

가젤영양의 눈이 밝고 정확하듯이 하느님께서 이 세상에서 행해지는 일 가운데 보시지 못할 것이 없습니다.[2] 우리가 무엇을 하든지 낱낱이 보시기 때문에 하느님을 일컬어 '보시는 이'라고 부르기도 합니다. 또 하느님은 누가 호의를 품고 있는지 악의를 품고 있는지도 알아보십니다. 아무리 멀리 떨어져 있어도 잘못 보시는 일이 없습니다. 가리옷 유다가 입맞춤을 통해서 자신을 배반하리라는 것을 그리스도께서는 알고 계셨습니다. 다윗이 말하기를, "주님께서는 당신에게 속한 사람들을 아신다"라고 하지 않았습니까?[3] 또 세례 요한이 이르되, "이 세상의 죄를 없애시는 하느님의 어린 양이 저기 오신다"라고 하였습니다.[4]

역자주 41 ———

* 가젤영양, 또는 사슴이 밝은 눈을 가졌다는 주장은 어원학적 해석에서 비롯하였을 가능성이 높다. 가젤영양을 뜻하는 '도르카스**dorkas**'나 사슴을 뜻하는 '도르콘**dorkon**'이 모두 '나는 본다' 혹은 '나는 살펴본다'라는 뜻의 '데르코마이**derkomai**'에서 유래하기 때문이다.

1 **아가** 2: 8

2 가젤영양의 눈이 밝다는 표현에서 oxyidorkos-dorkos의 운율을 맞추었다. '하느님은 보신다'라는 표현에서 theos-theorein의 운율도 맞추었다. 그러나 '신theos'과 '보다theorein'의 말의 근원을 하나로 보아서는 안 된다.

3 **시편** 1: 6
악한 자의 길은 멸망에 이르나,
의인의 길은 야훼께서 보살피신다.
II 디모테오 2: 19 주님께서 당신에게 속한 사람들을 아신다.

4 **요한** 1: 29

42

단단한 금강석*

단단한 금강석에 또 다른 성질이 하나 있습니다. 금강석은 쇠에 잘릴까 겁내지 않고, 불에 탈까 두려워하지 않습니다. 연기를 쏘여도 냄새조차 배어들지 않습니다. 금강석을 집에 놓아두면 악귀가 침범하지 못하고 흉사를 멀리할 수 있습니다. 금강석을 지닌 사람에게는 마귀가 함부로 접근하지 못합니다.

금강석은 우리 주 예수 그리스도입니다. 인간이여! 그대가 만약 그분을 가슴에 간직한다면 그대에게 어떤 불길한 일도 닥치지 않을 것입니다.

역자주 42

* 본서 제32장 '금강석'에 이어지는 추가 설명으로 보인다.

43

코끼리*

산악에 사는 동물 가운데 코끼리가 있습니다. 기다란 코를 가지고 있어서 다른 동물들을 물리치기도 하고, 먹이나 물을 마실 때에도 이 코를 사용합니다. 그러나 코끼리는 관절이 없는 통뼈 동물이어서 다리를 자유롭게 굽히지 못하고 잠잘 때에도 편히 드러눕지 못합니다. 코끼리는 짝짓기의 욕구가 없는 동물입니다. 새끼를 낳고 싶으면 코끼리는 동방국으로 갑니다. 그곳은 낙원과 가까운 곳입니다. 암코끼리와 수코끼리는 동방국에서 '만드라고리mandragora'라는 자귀나무를 찾아갑니다.[1] 암코끼리가 먼저 나무를 뜯어먹고는 이내 몸이 달아오릅니다. 암코끼리는 수코끼리에게도 나무를 뜯어먹으라고 권합니다. 수코끼리가 먹을 때까지 짓궂게 권합니다. 수코끼리가 나무를 뜯어먹으면 함께 몸이 달아올라서 암코끼리와 짝짓기를 합니다. 이렇게 해서 암코끼리는 새끼를 배게 됩니다.

새끼를 배고 나서 달이 차면 어떻게 할까요? 암코끼리는 호수를 찾아갑니다. 물이 얼마나 깊은가 살펴본 다음에 젖배가 수면에 닿을 정도의 깊이에서 출산을 시작합니다. 마른 땅 위에서 새끼를 낳으면 무릎 관절이 없는 새끼 코끼리가 제대로 일어서지 못하기 때문입니다. 갓난 코끼리는 물속에서 몸을 추스리고 이레 동안 어미의 젖을 취합니다. 어미 코끼리는 산통이 가시지 않은 몸으로 물뱀이 새끼에게 가까이 오지 못하도록 지킵니다. 뱀은 코끼리의 천적이어서 어미 코끼리는 보이는 대로 뱀을 밟아서 으깨어 죽입니다. 이레가 지나고 아기 코끼리가 제힘으로 일어날 수 있을 때 어미와 아비 코끼리와 더불어 물 밖으로 나옵니다.

코끼리는 잠을 어떻게 잘까요? 코끼리는 아랫둥치가 비스듬히 기울어진 나무를 찾아갑니다. 그리고는 나무에 기대어서 잠을 청합니다.

사냥꾼은 코끼리를 어떻게 잡을까요? 사냥꾼은 코끼리가 기대어 잠을 청하는 기울어진 나무가 어디에 있나 눈여겨 보아둡니다. 나무가 어디에 있든지 사냥꾼은 코끼리보다 한발 앞서 달려갑니다. 도끼로 힘차게 내리쳐서 나무의 밑동을 끊어냅니다. 그러나 나무가 쓰러지지 않고 가까스로 서 있을 정도까지 패냅니다. 이윽고 코끼리가 그리로 옵니다. 코끼리는 나무 밑동이 거의 떨어져 나간 것을 눈치채지 못하고 여느 때처럼 나무에 기대어 잠을 청합니다. 무게를 이기지 못한 나무가 우지끈 부러지면서 코끼리와 함께 넘어집니다. 땅에 넘어진 코끼리는 제힘으로 일어나지 못합니다. 이때 사냥꾼이 와서 누운 코끼리를 발견하고 마음껏 처리합니다.

사냥꾼이 나타나지 않으면 코끼리는 어떻게 할까요? 넘어진 코끼리가 어떻게 일어날까요? 코끼리는 큰소리로 비명을 지르기 시작합니다. 비명 소리를 듣고 커다란 코끼리가 옵니다. 커다란 코끼리가 아무리 애를 써보아도 넘어진 코끼리를 일으켜 세우지 못합니다.

이제 두 마리의 코끼리가 비명을 지르기 시작합니다. 비명 소리를 듣고 열두 마리의 코끼리가 모여듭니다. 아무리 애를 써보아도 넘어진 코끼리를 일으켜 세우지 못합니다.

이제 열두 마리의 코끼리와 두 마리의 코끼리가 함께 비명을 지르기 시작합니다. 비명을 듣고 작은 코끼리가 한 마리 나타납니다. 작은 코끼리는 기다란 코를 넘어진 코끼리 밑에 밀어 넣고 영차영차 들어올리기 시작합니다. 경험 많고 솜씨 좋은 작은 코끼리가 넘어진 코끼리를 일으켜 세웁니다.

코끼리에게는 이런 효능이 있습니다. 코끼리의 털이나 뼈를 태운 장소에는 귀신이 침범하지 못합니다. 악룡도 접근하지 못합니다. 어떤 불길한 일도 일어나지 않습니다.

이제 코끼리의 비유를 풀어 봅시다. 암수 코끼리는 아담과 하와를 뜻합니다. 그들이 에덴 동산에서 아직 한 금을 넘지 않았을 때에는 짝짓기가 무엇인지 동침이 무엇인지 몰랐습니다. 그러나 하와는 나무에서 난 것, 곧 영의 만드라고라를 먹었습니다. 그리고 지아비에게도 먹으라고 권하였습니다. 그 뒤로 아담과 하와는 눈이 밝아져서 카인을 낳았습니다. 악의 물 속에서 낳았습니다.[2]

이는 다윗이,

"나를 구하소서. 하느님,

목에까지 물이 올라 왔사옵니다."

라고 했던 것과 같습니다.[3]

넘어진 코끼리의 비명을 듣고 달려온 큰 코끼리는 율법입니다. 그러나 율법은 코끼리를 일으켜 세우지 못하였습니다. 그 다음에 모여든 열두 마리의 코끼리는 예언자들의 무리입니다. 이들도 코끼리를 일으켜 세우지 못하였습니다. 제일 나중에 나타난 작은 코끼리는 그리스도입니다. 그리스도는 넘어진 코끼리를 일으켜 세우셨습니다. 모든 이 가운데 가장 높으신 분이신 그리스도, 곧 새로운 아담은 모든 이 가운데 가장 보잘것없이 되셨습니다.[4] 우리를 구원하기 위해서 그분은 스스로를 낮추시고 종의 신분을 취하셨습니다.[5]

자연학자 피지올로구스는 코끼리에 대해서 잘 설명하였습니다.

역자주 43 ———

* 피지올로구스가 열거하는 코끼리의 특성들은 여러 고전 문헌과 성서의 기록, 그리고 자신의 관찰과 사색이 결합된 결과물로 보인다. 피지올로구스가 살았던 시기의 자연과학적 지식의 반영으로 보이는 여러 관찰들, 예컨대 암수의 코끼리 사이에 짝짓기의 욕구가 없이 순결하고 수줍음이 많으며, 물을 좋아하지만 헤엄에는 능하지 못하고, 아기 코끼리가 코를 사용하지 않고 입으로 어미의 젖을 빠는 등의 고유한 성질이 본문의 줄거리에 녹아들었다.

  그 밖에 '만드라고라'라는 자귀나무의 모티프는 성서 창세기 30:14-15에서 빌려왔다. 코끼리가 천적인 뱀을 발로 밟아 죽이는 것도 창세기 3:15에서 "너는 그 발꿈치를 물려고 하다가 도리어 여자의 후손에게 머리를 밟히리라"의 내용을 유감한 것으로 보인다. 이에 비해서 플리니우스는 코끼리와 뱀이 천적 관계라는 사실만 언급하고 있을 뿐이다. 피지올로구스 이후 중세의 동물지에서는 뱀이 용의 형상으로 재현되며, 용을 제압할 수 있는 맞수로 코끼리가 자주 언급된다.

  코끼리가 관절이 없는 통뼈 동물이라는 사실에 대해서는 이미 아리스토텔레스(H.A. II 1 p.498 a 8)와 아일리아누스(4. 31)가 이의를 제기하였다. 그러나 아가타르키데스**Agatharchides**(Diodor. III 27)와 스트라본(XIV 4. 10)을 위시한 대부분의 고대 문헌에서는 통뼈 동물이라는 주장이 반복되었다.

  넘어진 코끼리가 다른 코끼리의 도움으로 일어난다는 주장은 플리니우스(N.H. 8. 24)와 아일리아누스(6. 61과 8. 15)에 근거하지만, 플루타르코스(de soll. anim. 25 p. 977 E)는 이를 근거없는 이야기라고 일축한다. 카이사르(갈리아 전기 VI 27)는 엘크 순록에게도 그런 습성이 있다는 기록을 남겼다.

  코끼리의 뼈나 털을 태운 재가 귀신을 쫓는 데 비상한 효험이 있다는 이야기는 예로부터 전해 오는 사슴의 뼈와 털의 효험이 잘못 옮겨진 것으로 보인다. 추측건대 코끼리를 뜻하는 '엘레파스elephas'와 사슴을 의미하는 '엘라포스elaphos'를 단순히 혼동하였을 가능성이 크다. 코끼리 이야기가 특히 비잔틴 시기에 이르러 내용과 줄거리가 다양하고 풍부해진 것은 기독교적 구원사의 예시로 해석되었기 때문인 것으로 보인다.

1 **창세기** 30: 14-15 보리를 거둘 때가 되어 르우벤이 밭에 나갔다가 자귀나무를 발견하여 어머니 레아에게 갖다 드렸다. 라헬이 이것을 알고 레아에게 졸라 댔다. "언니 아들이 캐어 온 자귀나무를 나도 좀 나누어 주구료." 그러나 레아는 "네가 나에게서 남편을 빼앗고도 무엇이 부족해서 이제 내 아들이 캐 온 자귀나무마저 달라느냐?" 하며 역정을 내었다. 그러자 라헬은 "언니 아들이 캐 온 자귀나무를 주면 오늘 밤 그분을 언니 방에 드시도록 하리다" 하였다.
공동번역에서 '자귀나무'는 '만드라고라mandragora'를 옮긴 말이다. '소요마'로 옮길 수도 있다. 식물의 뿌리가 마치 사람의 모습을 방불케하여 사랑이나 순산의 영약이라는 미신이 있었다고 하며, 루터는 이를 'Liebesapfel', 곧 '사랑의 사과'로 옮겼다.

2 **창세기** 4: 1 아담이 아내 하와와 한 자리에 들었더니 아내가 임신하여 카인을 낳고 이렇게 외쳤다.

3 **시편** 69: 1
라틴 성경에는 시편 69: 2에 나와 있다.

4 **마르코** 10: 43-45 "너희 사이에서 누구든지 높은 사람이 되고자 하는 사람은 남을 섬기는 사람이 되어야 하고, 으뜸이 되고자 하는 사람은 모든 사람의 종이 되어야 한다. 사람의 아들도 섬김을 받으

러 온 것이 아니라 섬기러 왔고, 또 많은 사람을 위하여 목숨을 바쳐 몸값을 치르러 온 것이다."

5 **립비** 2: 7
오히려 당신의 것을 다 내어 놓고
종의 신분을 취하셔서
우리와 똑같은 인간이 되셨습니다.

마노석과 진주*

진주잡이 어부가 진주를 찾을 때 마노석의 도움을 받습니다. 어부는 마노석을 질긴 노끈에 묶어서 바다에 드리워 둡니다. 마노석이 스스로 진주를 찾아서 이리저리 떠다니다가 이윽고 멈추어서 움직이지 않습니다. 잠수부는 마노석의 위치를 잘 새겨두었다가 노끈을 따라가면 진주를 발견할 수 있습니다.

이제 진주가 어떻게 생겨나는지 귀담아 들어보십시오. 바다에 굴이라는 패류가 있습니다. 해가 돋는 이른 아침에 바다 위로 떠올라서 껍데기를 활짝 벌리고 하늘 이슬을 받아먹습니다. 햇빛과 달빛과 별빛을 듬뿍 받아먹습니다. 높은 곳으로부터 비추인 빛으로 잉태한 것이 자라서 곧 진주가 됩니다.

진주조개는 껍데기 둘이 서로 맞물려 있습니다. 그 속에서 진주를 품습니다.

마노석은 선지자 세례 요한을 비유로써 드러낸 것입니다. 그는 영적인 진주를 우리에게 보여 주었습니다. 세례 요한이 이르되, "이 세상의 죄를 없애시는 하느님의 어린 양이 저기 오신다"고 하였습니다.[1] 바다는 이 세상을 빗대었고, 물 속에서 잠수하는 어부는 예언자의 무리를 말합니다. 진주조개의 양 껍데기는 구약과 신약 성서를 가리킵니다. 해와 달과 별과 하늘 이슬은 곧 성령이시니, 구약과 신약 성서에 두루 역사하십니다. 여기서 진주는 우리 주 예수 그리스도입니다. 그러므로 우리는 그리스도를 영접하여야 합니다. 우리는 가지고 있던 모든 소유를 다 팔고, 걸인에게 나누어주며, 그 대가로 값진 진주를 얻습니다.[2]

역자주 44 ———

* 아리아누스는 기원전 4세기 무렵의 메가스테네스**Megasthenes**를 인용하면서 인도의 진주에 관하여 설명한다. 그에 따르면 진주 가운데 임금진주가 있어서 이것을 가지면 다른 진주들을 손쉽게 채취할 수 있다고 한다. 플리니우스와 아일리아누스도 유사한 내용을 전한다. 그러나 마노석을 이용해서 진주를 찾는다는 내용은 피지올로구스 이전의 문헌전승에서는 확인되지 않았다. 진주조개가 이슬을 받아서 진주를 수태한다는 이야기는 남아 있지 않지만 아우구스투스 황제 재위기에 일종의 잡학사전을 기술하였다는 유바(Juba II)가 기록한 것으로 알려져 있다. 이 내용은 플리니우스의 간접적인 기록으로 전해진다(N.H. 9. 107).

1 **요한** 1: 29

2 **마태오** 13: 45-46 "또 하늘 나라는 어떤 장사꾼이 좋은 진주를 찾아 다니는 것에 비길 수 있다. 그는 값진 진주를 하나 발견하면 돌아가서 있는 것을 다 팔아 그것을 산다."

45

들나귀와 원숭이*

들나귀에게 또 이런 성질이 있습니다. 자연학자 피지올로구스는 들나귀가 왕궁에서 산다고 말합니다. 파메노트 Phamenoth의 달 스무닷새째가 되는 날이면 들나귀가 열두 차례 소리쳐 우는데, 이를 듣고 왕과 시종들이 하루의 낮과 밤의 길이가 같은 날인 줄 알아차립니다.

원숭이도 같은 성질이 있습니다. 원숭이가 밤에 일곱 차례 오줌을 지리면 그것을 보고 사람들은 그날이 밤과 낮의 길이가 같은 줄 압니다.

여기서 들나귀는 마귀입니다. 밤은 이교의 민족을 말하고, 낮은 믿음 있는 자들과 예언자들을 말합니다. 밤과 낮의 길이가 같아지는 날 소리치는 들나귀는 다름 아닌 마귀입니다.

원숭이도 마귀가 하는 일을 똑같이 합니다. 또 원숭이는 시작이 있으나 끝이 없습니다. 머리는 있으나 꼬리가 없다는 말입니다. 이것이 마귀와 같은 점입니다. 마귀도 처음에는 대천사였으나 그 끝물이 종적없이 아리송하기 때문입니다.

역자주 45

* 이 이야기의 기원은 이집트에서 유래하였을 가능성이 크다. 들나귀는 이집트의 신 세트Seth의 변신으로 보인다. 원숭이의 오줌에 관한 기록은 호라폴로와 마리누스 빅토리누스가 전한다. 빅토리누스는 키케로의 〈웅변술〉에 대한 주해를 달면서 날짜와 시간을 측정하는 기준으로 원숭이의 오줌에 관하여 설명한다. 글의 말미에 원숭이에게 꼬리가 없다는 주장이 있는데,피지올로구스 이외에 다른 문헌 전거를 확인할 수 없다.

46

인도석*

인도석이라는 돌이 있습니다. 인도석이 가진 성질은 이렇습니다. 기갈증이 든 환자가 찾아오면 의원은 인도석을 구해서 환자의 몸에다 동여매고 세 시간 동안 기다립니다. 인도석은 기갈증 환자의 병독을 말끔히 빨아냅니다. 의원은 환자의 몸에 매었던 돌을 풀어서 저울 한 쪽 판에 올리고, 다른 판에는 환자를 올립니다. 병독을 머금은 '조그마한 돌이 어찌나 무겁든지 오히려 환자가 올라선 저울 판이 위로 올라갑니다.

이 돌을 볕이 잘 드는 양지에 세 시간 동안 내다 놓으면 환자의 몸에서 빨아낸 병독의 습한 기운을 도로 뱉어 냅니다. 그리고 처음처럼 깨끗한 돌이 됩니다.

인도석은 우리 주 예수 그리스도입니다. 완전한 사랑이신 그분은 두려움을 우리 몸 바깥으로 몰아냅니다. 기갈증이 걸린 환자는 바로 우리들입니다. 죄악의 나쁜 물이 가슴에 가득 들어차 있었습니다. 그러나 이 세상에 내려오신 주님이 우리의 가슴으로 오셨습니다. 십자가의 끈으로 주님은 우리들의 가슴에 매이게 되었습니다. 기갈증으로 부어오른 우리의 병을 고치셨습니다. 그리스도는 몸소 우리의 허약함을 맡아주시고, 우리의 병고를 짊어지셨습니다.[1]

자연학자 피지올로구스는 인도석에 대해서 잘 설명하였습니다.

역자주 46 ———

* 인도석에 대한 고전 문헌의 전거는 달리 확인되지 않았다.

1 **마태오 8: 17**

이리하여 예언자 이사야가,
"그분은 몸소 우리의 허약함을 맡아주시고
우리의 병고를 짊어지셨다"
하신 말씀이 이루어졌다.

47

왜가리*

왜가리는 뭇새들 가운데 뛰어나게 영리한 새입니다. 왜가리는 오직 하나의 둥지를 틀고, 자신의 보금자리를 평생 떠나지 않습니다. 이리저리 쉴 곳을 찾아서 두리번거리는 법이 없고, 한자리에 정착하고 나면 그곳을 떠나지 않고 지키며 잠자리를 마련합니다. 왜가리는 죽은 먹이에 입을 대는 법이 없고 다만 너른 곳을 날아다닙니다. 그러나 둥지를 트는 곳과 먹이를 먹는 곳은 늘 한자리를 고집합니다.

그러므로 그대, 공동체의 분깃이여. 이곳저곳 헤매면서 이단자들의 무리를 어깨너머로 기웃거리지 마십시오. 그대가 안식할 자리는 오직 한 곳 하느님의 신성한 공동체입니다. 그대가 취할 한 가지 음식은 하늘에서 내리신 빵, 곧 우리 주 예수 그리스도입니다. 그대는 생명 없는 죽은 교리에 마음이 흔들려서는 안 됩니다. 잘 구워진 천국의 빵이 그대의 몫으로 마련되었습니다. 헛된 믿음에 매달리는 자들을 좇아서 이리저리 두리번거려서는 안 됩니다. 자연학자 피지올로구스는 왜가리에 대해서 잘 설명하였습니다.

역자주 47 ———

* 그리스어 'erodios'의 라틴어 대응어는 'ardea', 곧 왜가리다. 고대 문헌 가운데 이와 비교할 만한 내용은 확인되지 않았다.

48

돌무화과*

예언자 아모스가 이르되, "나는 본시 예언자가 아니다. 예언자의 무리에 어울린 적도 없는 사람이다. 나는 목자요, 돌무화과를 가꾸는 사람이다"라고 하였습니다.[1] 목자는 양을 돌봅니다. 이처럼 아모스는 그리스도가 하실 일을 행합니다. 아모스가 "나는 돌무화과 열매를 찢어 벌린다"라고 말한 것은 자캐오가 돌무화과 나무 위에 올랐던 것과 같은 뜻입니다.[2]

그대도 잘 알고 있듯이 돌무화과 열매에는 등에라는

작은 벌레들이 빛도 없는 어둠 속에서 오글오글 숨어삽니다. 등에들은 열매 속에서 서로 이런 말을 주고받습니다. "우리가 사는 세상은 참 넓기도 하구나!" 그러면서 어둠 속에 쪼그리고 앉아 있습니다. 그러다가 돌무화과 열매가 벌어져서 등에들이 바깥 세상으로 기어 나오게 되면 처음으로 해와 달과 별을 보면서 혼자말을 중얼거립니다. "돌무화과 열매가 벌어지기 전에 우리가 살던 곳은 어둠이었구나."[3] 첫째 날에 돌무화과 열매가 벌어지고, 둘째 날에 돌무화과가 바쳐지며, 셋째 날에 돌무화과는 모든 이의 음식이 됩니다.

우리 주 예수 그리스도의 옆구리도 창상을 입어서 돌무화과 열매가 벌어진 것과 같이 찢어졌습니다. 그곳에서 피와 물이 흘러내렸습니다. 셋째 날 그분이 죽은 자 가운데서 부활하실 때에 우리는 밝은 영적인 빛을 보았습니다. 돌무화과 열매가 벌어졌을 때에 등에가 빛을 보았던 것처럼 우리도 빛을 보았습니다. 어둠 속에 살았던 민족이 큰 빛을 보았습니다. 사망의 땅과 어둠 속에 앉아 있던 우리들에게 빛이 비쳐왔던 것입니다.[4]

돌무화과 열매가 벌어지고 나서 사흘째 되는 날에 음식으로 올려집니다. 이와 같이 우리 주 예수 그리스도는 옆구리의 상처가 벌어진 다음, 셋째 날이 되어서 죽은 자 가운데서 살아나셨고, 모든 인간을 위한 생명과 양식이 되셨습니다.

역자주 48 ———

* 등에가 무화과 열매 속에 숨어 산다는 피지올로구스의 설명은 오배자벌레psenes가 무화과에 숨어 산다는 아리스토텔레스의 기록과 거의 비슷하다(H.A.V. 32 p.557 b 25). 테오프라스트도 아리스토텔레스와 같은 기록을 남겼다(hist. plant. II 8, 1). 곤충학의 지식을 아모스서 7:14의 고백과 유비시킨 것은 피지올로구스의 재능이다. 무화과 열매 속에 있던 등에가 바깥 세상을 발견하는 내용은 플라톤의 〈파이드로스〉에 기술된 유명한 동굴의 비유를 연상시킨다. 그러나 이 내용만으로 피지올로구스가 플라톤주의, 혹은 신플라톤주의적 사상에 경도되었다거나 영지주의적 경향을 따랐다고 단정짓기는 어렵다.

1 **아모스** 7: 14 라틴 성서의 "Non sum propheta non sum filius propheta sed armentarius ego sum vellicans sycomoros"는 "나는 예언자가 아니다. 예언자의 아들 - 또는 제자 - 도 아니다. 나는 소몰이꾼이요, 돌무화과 열매를 찢어 벌리는 사람이다"라고 옮길 수 있다.

2 **루가** 19: 4-5 그래서 예수께서 지나가시는 길을 앞질러 달려가서 길가에 있는 돌무화과나무 위에 올라갔다. 예수께서 그곳을 지나시다가 그를 쳐다보시며 "자캐오야, 어서 내려 오너라. 오늘은 내가 네 집에 머물러야 하겠다" 하고 말씀하셨다.

3 **마태오** 4: 16
"어둠 속에 앉은 백성이 큰 빛을 보겠고
죽음의 그늘진 땅에 사는 사람들에게 빛이 비치리라."
이사야 9: 1
"어둠 속을 헤매는 백성이 큰 빛을 볼 것입니다.

캄캄한 땅에 사는 사람들에게 빛이 비쳐 올 것입니다."
루가 1: 79
"죽음의 그늘 밑 어둠 속에 사는 우리에게
빛을 비추어 주시고
우리의 발걸음을 평화의 길로 이끌어 주시리라."

4 **마태오** 4: 16
"어둠 속에 앉은 백성이 큰 빛을 보겠고
죽음의 그늘진 땅에 사는 사람들에게 빛이 비치리라."

49

고니와 타조*

예언자 예레미아가 이르되,

"하늘을 나는 고니도 철을 알고

산비둘기나 제비나 두루미도 철따라 돌아오는데,"

라고 하였습니다.[1]

이 새는 날개가 달렸으나 날지 못하기 때문에 우리는 이 새를 두고 '타조'라고 부릅니다. 타조는 알을 낳을 때에 하늘을 올려다봅니다. 그러나 칠요성Pleiade의 별자리가 하늘에 오르기 전에는 알을 낳는 법이 없습니다. 칠요

성은 여름날의 열기가 밀 이삭을 패기 전에는 하늘에 나오지 않습니다. 타조가 굳이 이 때를 기다려서 알을 낳는 이유는 이렇습니다. 워낙 금새 잊어버리는 성질을 가진 타조는 구덩이를 파고 알을 낳은 뒤에 모래를 덮어두면 자기가 알을 낳았다는 사실을 까맣게 잊어버리고 전혀 돌보지 않습니다. 그래서 더운 계절에 알을 낳는 것입니다. 화창한 날씨 덕분에 타조 알은 저절로 부화되고, 새끼가 제 꼴을 갖추고 태어나게 됩니다. 고니와 타조 같은 새들이 제철을 아는 것처럼 우리들도 올바른 때, 곧 우리 주님을 알아차려야 마땅합니다. 그리하여 주님의 뜻을 따르고 섬겨야 하겠습니다.

역자주 49 ———

* 그리스어로 씌어진 피지올로구스의 원본에서는 제48장 '고니와 타조' 편으로 책이 마무리된다. 피지올로구스의 에티오피아 판본에서는 제48장의 서술에 이어서 "이로써 제48장의 이야기가 끝났습니다. 지금까지 다루었던 동물과 광물과 식물의 이야기에는 많은 비유들이 깃들어 있습니다. 하느님께 영원한 영광이 함께하시기를 바랍니다. 아멘, 아멘, 그의 뜻대로 이루어지소서. 그의 뜻대로 이루어지소서"라는 맺음말이 덧붙었다. 그 뒤에 쏟아져 나온 여러 피지올로구스의 그리스어와 민간으로 전승된 판본들에는 초본의 마흔여덟 가지 이야기에 덧붙여 바실리스크·고르고네이아·기라피·늑대·꿀벌·멧돼지·참치·헤르멜린·백조·바닷게·레오파드·나이팅게일·암호랑이를 위시해서 수많은 동물들이 새롭게 첨가되었다. 오토 제엘**Otto Seel**이 편집한 《피지올로구스*Physiologus*》에서는 초본에 일곱 가지를 더해서 쉰다섯 장으로 책을 꾸몄다.

이 책은 주제를 선별하는 기준으로 후대의 미술에 상징과 알레고리적 중요성을 고려하였고, 비교문헌학의 관점에서 문체의 순수성을 잘 간직하고 있는 것을 우선적으로 감안하였다. 짐작건대, 전해지지는 피지올로구스 원본의 구성에 가장 가까울 것으로 생각한다. 제49장에는 새의 이름이 두 가지 등장한다. 'aside'와 'strouthokamelon'이 그것이다. 피지올로구스의 서술을 읽어보면 이 새는 두 가지 이름으로 불리지만 동일한 새라는 사실을 알 수 있다. 'aside'의 원 뜻은 분명하게 밝혀지지 않았다. 히브리어에서 '황새'로 옮겨지기도 하고 '타조'와 동의어로 사용되기도 한다. 피지올로구스가 전하는 이야기의 앞머리는 아리스토텔레스에서 빌려왔을 가능성이 크다(697 b).

1 **예레미아 8: 7**

50

딱따구리*

나무를 부리로 쪼아서 두드리는 딱따구리는 겉모습이 요란합니다. 마치 악마처럼 때깔이 요란합니다. 딱따구리란 놈은 숲을 날아다니다가 나무에 앉으면 부리를 갖다대고 두드리기 시작합니다. 그러면서 나무에서 무슨 소리가 나는지 귀를 기울입니다. 속이 공허하고 가슴이 없는 나무를 발견하면 지체없이 구멍을 냅니다. 구멍 속으로 들어가서 둥지를 틀고 알을 낳습니다. 그러나 건강한 가슴을 가진 튼튼한 나무를 만나면 딱따구리는 부리나케 달아납니다. 다른 나무를 찾아갑니다.

이와 같이 마귀는 나무를 찾아다닙니다. 만만하고 어리숙한 사람을 찾아서 패덕의 창으로 찔러댑니다. 찌르면서 가만히 귀를 기울입니다. 만약에 마음이 공허하고 가슴이 없는 사람이라는 것을 알아차리면 마귀는 지체없이 그 속에 들어앉아서 둥지를 틉니다. 그러나 강고한 가슴을 가진 튼튼한 사람을 만나면 마귀는 부리나케 달아납니다. 다른 숲을 찾아서 도망칩니다.

자연학자 피지올로구스는 딱따구리에 대해서 잘 설명하였습니다.

역자주 50

* 딱따구리의 습성에 대해서는 플리니우스(N.H. 18. 40)와 아일리아누스(1. 45)를 참조해 보기 바란다.

51

토끼*

다윗은 토끼가 바위틈에 은신처를 구한다고 말합니다.[1]

자연학자 피지올로구스는 토끼가 뜀박질이 날랜 동물이라고 말합니다. 사냥꾼이 뒤쫓아 오면 토끼는 벼랑과 가파른 언덕을 가리지 않고 달아납니다. 사냥꾼과 사냥개가 기운이 빠지면 토끼는 멀쩡하게 위기를 모면합니다. 그러나 방향을 잘못 잡아서 내리막길로 접어들면 앞다리가 짧은 토끼가 빨리 달리지 못해서 갈팡질팡합니다. 그 사이에 사냥개가 토끼에게 덥석 달려듭니다. 그러므로 토끼는 늘 오르막길을 찾습니다. 이와 같이 그대 인간이여. 토끼를 뒤쫓는 사냥꾼처럼 호시탐탐 인간의 목숨을 노리는 원수인 마귀가 그대 뒤를 밟는다면, 그대는 높은 곳과 바위를 찾아야 합니다.

다윗이 이르기를,

"이 산 저 산 쳐다본다.

도움이 어디에서 오는가?"

라고 했던 것과 같습니다.[2] 만약에 그대가 내리막길을 가면서 지상에 속한 것을 탐닉하고 이 세상의 삶에 집착한다면, 마귀가 이를 발견하고 지체없이 다가와서 덫을 칠 것입니다. 그러나 그대가 하느님의 뜻에 따라 높은 곳을 향하면서 진실된 바위이신 그리스도를 찾으며 덕목의 계단을 오른다면, 마귀는 토끼를 뒤쫓던 사냥개처럼 물색없이 돌아서고 말 것입니다. 다윗이 이르기를,

"이 목숨을 노리는 자들을 부끄러워 무색하게 하시고

나를 해치려는 자들을 창피해서 도망치게 하소서"

라고 말했던 것과 같습니다.[3]

역자주 51 ———

* 토끼가 내리막보다 오르막에서 뜀박질이 날래다는 사실은 아일리아누스가 전한다(13). 사냥개와 말이 오르막에서 잘 달리지 못한다는 것도 아일리아누스의 기록에 있다.

1 **시편 104: 18** 공동번역에서는
"높은 산은 산양들의 차지, 바위틈은 오소리의 피난처"
라고 옮겼다.
그러나 라틴 성서의 "Montes excelsi cervis petra refugium erinaciis"는 "높은 산은 수사슴의 은신처요, 바위는 토끼들erinaciis의 은신처"라고 옮길 수 있다. 히브리 성서에는 "높은 산은 수사슴의 은신처요, 바위는 고슴도치ericiis의 은신처"라고 전한다.

2 **시편 121: 1** 라틴 성서의 "Levavi oculos meos in montes unde veniet auxilium meum"은 "나는 두 눈을 들어서 산들을 올려본다. 그곳에서 나의 도움이 올 것이다"라고 옮길 수 있다.

3 **시편 35: 4**

52

황새*

황새는 제 둥지를 몹시 아끼는 새입니다. 몸 위쪽으로는 흰 색이고, 아래쪽으로는 검은 색을 띠고 있습니다.

우리 주 예수 그리스도도 이와 같습니다. 그리스도는 일찍이 우리에게 자신의 윗부분, 곧 만민의 주님으로 오신 당신을 보여주셨습니다. 그리고 자신의 아랫 부분, 곧 인간으로 나신 당신도 보여주셨습니다. 이로써 하늘에 속한 것과 땅에 속한 것을 한 가지도 소홀하게 여기지 않으셨습니다.[1]

그러나 보십시오. 암수의 황새가 따로 살림을 차려서 새끼를 기다립니다. 아비가 날아가서 먹이를 구해오는 동안 어미는 움직이지 않고 둥지와 새끼를 지킵니다. 암수가 번갈아 가면서 먹이를 구하러 가지만 늘 한 마리는 남아서 둥지를 뜨지 않고 지킵니다.

그러므로 그대, 이성으로 사유하는 인간이여. 아침이나 저녁이나 기도를 빠뜨리지 말고 하십시오. 그렇지 않으면 마귀가 그대에게 달려들 것입니다.

황새 부부가 새끼들을 잘 키워서 이윽고 날개에 힘이 들어가기 시작하면 황새 가족은 모두 한때에 다 함께 날아올라서 다른 곳으로 옮겨갑니다. 때가 이르면 그들은 다시 돌아와서 새로운 둥지를 짓고 새끼들이 그곳에 자리잡게 합니다. 우리 주 예수 그리스도도 이와 같습니다. 그리스도는 우리를 떠나가셨지만 때가 이르면 우리에게 다시 돌아오셔서 쓰러진 이들을 일으켜 세울 것입니다.[2]

예언자가 이르되,

"새들이 거기에 깃들이고

그 꼭대기엔 황새가 집을 짓사옵니다"

라고 말했던 것과 같습니다.[3]

자연학자 피지올로구스는 황새에 대해서 잘 설명하였

습니다.

역자주 52 ———

* 황새에 관한 기록은 피지올로구스 자신의 관찰에서 비롯하였을 가능성이 높다. 플리니우스(N.H. 10. 63)와 비교해 보기 바란다.

1 **I 고린토 15: 40** 하늘에 속한 것들이 있고 또 땅에 속한 것들이 있습니다. 하늘에 속한 것들의 영광이 다르고 땅에 속한 것들의 영광도 다릅니다.

2 **시편 145: 14**
누구나 쓰러지면 붙들어 주시고
거꾸러지면 일으켜 주신다.
시편 146: 8
야훼, 거꾸러진 자들을 일으켜 주시며

3 **시편 104: 17** 라틴 성서의 "Illic passeres nidificabunt erodii domus dux est eorum"은 "종달새들이 그곳에 둥지를 틀고, 황새의 둥지가 그 가운데 으뜸입니다"로 옮길 수 있다.

53

공작새*

공작새는 하늘 아래 날개 달린 뭇동물 가운데 자태가 단연 빼어나게 아름다운 새입니다. 색채가 눈부실 뿐 아니라 날개가 어찌나 고운지 보는 이의 넋을 앗아갈 정도입니다. 사뿐사뿐 걸음을 옮기면서 깃털을 부풀리는가 하면 몸을 살며시 비틀기도 하고, 또 교태를 부리는 제 모습을 돌아보면서 즐거움을 감추지 못합니다.

그러나 공작새의 눈길이 제 발치에 닿는 순간 갑자기 큰 소리로 거칠게 울부짖습니다. 함부로 생겨먹은 발의 모양이 공작새의 아름다운 외모와는 딴판으로 썩 어울리지 않는 것을 알아차렸기 때문입니다.

그러므로 그대, 이성으로 사유하는 인간이여. 하느님이 정해주신 그대의 직분과 그대에게 베풀어주신 호의를 찬찬히 돌아보십시오. 그리고 가슴 깊숙한 곳에서 올라오는 기쁨과 행복을 맛보십시오. 이번에는 그대의 발을 내려다보십시오. 지금껏 저지른 죄악을 돌아보십시오. 그리고 그대는 하느님께 소리치고 울부짖으십시오. 공작새가 제 발을 미워하듯이 그대는 자신의 지난 죄업을 미워하십시오. 그리하여 그대의 신랑 앞에 떳떳이 나서도록 하십시오.

자연학자 피지올로구스는 공작새에 대해서 잘 설명하였습니다.

역자주 53 ———

* 공작새가 깃을 펼쳐서 눈부신 자태를 자랑하는 내용은 플리니우스의 기록으로 자세히 전한다(N.H. 10. 43). 그러나 발의 추한 생김새와 쉰 목소리에 대해서는 고대 문헌 가운데 어떤 기록도 확인되지 않았다. 공작새는 기독교 도상에서 대개 불멸불사의 상징으로 등장하지만 피지올로구스는 이 부분에 대해서 언급하지 않는다.

54

해마*

해마는 아랫도리가 말이요, 윗몸은 고래의 형상을 가진 바다 동물입니다. 해마는 동쪽 바다에 거처를 두고 살면서 온갖 물고기들을 몰고 다닙니다. 암초 절벽에 오르기 좋아하고, 파도가 몰아쳐도 성가셔 하는 법이 없습니다. 해마를 보면 마치 황금으로 빚어 놓은 것 같습니다. 바다에 사는 물고기들이 산란기를 맞이하면 일제히 해마를 찾아서 모여듭니다. 북쪽 바다 물고기는 남쪽으로 내려오고, 남쪽 바다 물고기는 북쪽으로 올라갑니다. 물고기들은 해마에게 몰려와서 재롱을 부리고 시중을 듭니다. 만약 그렇게 하지 않으면 짝짓기를 이룰 수가 없습니다.

물고기들이 해마를 찾아서 몰려가는 물때를 놓치지 않고 어부들은 그물을 바다에 널찍이 드리웁니다. 마음이 조급한 암놈들은 앞뒤 없이 무작정 그물로 뛰어듭니다. 어부들은 이런 방법으로 물고기를 잡습니다.

이와 같이 인생의 달콤함에 탐닉하는 인간들은 욕정에 빠져서 원수의 그물에 걸려들고 맙니다.

물고기들은 해마에게 시중을 든 다음에 떠나갑니다. 수놈들이 앞장서고 암놈들이 그 뒤를 따라갑니다. 수놈들이 먼저 씨를 뿌리면 뒤따르던 암놈들이 아가리를 벌려서 수놈의 씨를 마시고, 이로써 짝짓기가 이루어집니다. 그 다음에 물고기들은 제각기 흩어지기 때문에 뒤늦게 그물을 던지는 어부들은 아무 것도 건져 올리지 못합니다.

그러므로 그대, 이성으로 사유하는 인간이여. 그대의 뱃머리를 동쪽으로 돌리십시오. 믿음의 공동체를 향하여 나아가십시오. 그대는 물고기들이 해마에게 시중들듯이 그리스도를 경배하십시오. 그대는 성령의 씨앗을 받아서 열매를 맺도록 하십시오. 죄악과 부정으로부터 멀리 달아

나야 합니다. 그리고 나면 그대는 원수의 그물에 걸려드는 일이 없을 것입니다.

자연학자 피지올로구스는 해마에 대해서 잘 설명하였습니다.

역자주 54 ———

* ‘휘드리포스**hydrippos**’는 문자 그대로 ‘바다에 사는 말’, 혹은 ‘해마’로 옮길 수 있다. 피지올로구스는 우리가 아는 해마와는 전혀 다른 형상으로 상상하였을 것이다. 해마 이야기는 원동 지역의 전설에서 기원하였을 가능성이 제안되었다. 4세기의 교황 바실레우스 대제도 해마에 대한 비슷한 내용의 전설을 알고 있었던 것으로 보인다.

55

앵무새*

앵무새라는 새가 있습니다. 크기는 자고새 정도에 초록색이나 흰색 깃털을 가졌고 사람 말투를 곧잘 흉내내는 재주를 가졌습니다. 수다 떨기를 좋아하는 앵무새는 사람을 따라서 말을 합니다. 사람의 언변을 가지고 재미나게 조잘거리는 투가 꼭 사람 말투처럼 들리기 때문에 앵무새가 하는 흉내말을 무심히 듣고 있다가 깜짝 놀라게 됩니다.

그러므로 그대, 인간이여. 주님을 찬양하는 사도들의 말씀을 흉내 내어서 똑같이 주님을 찬양하십시오. 의로운 자들의 공동체를 흉내 내십시오. 그렇게 함으로써 공동체의 빛나는 자리를 더불어 나누는 영광을 차지하십시오.

역자주 55 ———

* 아일리아누스는 앵무새와 자고새를 한 속으로 비교한다(16. 2). 앵무새가 사람의 말투를 흉내내는 재주를 가졌다는 사실은 고대에 잘 알려져 있었다. 아리아누스는 〈인도 보고서〉 제15장에서 "알렉산드로스 대왕 휘하의 해군 사령관이었던 네아르코스Nearchos가 인도의 앵무새를 두고 기적처럼 신기한 새라고 말하면서, 마치 사람 말투를 방불케 하는 재주가 있다고 설명하였다. 그러나 나는 그렇게 생각하지는다. 앵무새라면 나도 수많은 종류를 보았고 심지어 앵무새가 아닌 다른 새들 가운데 사람 말투를 감쪽같이 흉내내는 종류가 있다는 것도 알고 있다. 그러므로 앵무새를 두고 신기한 새라도 되는 것처럼 쓰고 싶은 생각은 추호도 없다"라고 기록하고 있다. 아리아누스는 앵무새를 흔히 볼 수 있는 관상조로 여겼던 것이다.

부록

참고 도판

•

인물 설명
자연학에 관한 고대의 저술가들

•

참고문헌

•

주제별 색인

참고 도판

출처 Harley 4751

❶ 사자

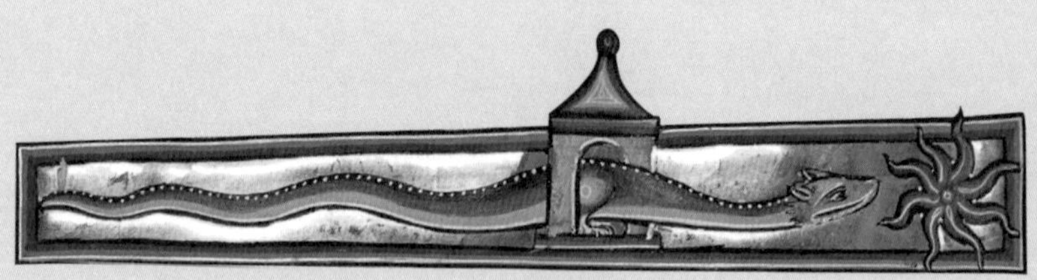

출처 Aberdeen Univ. Lib. MS 24

❷ 도마뱀

출처 Harley 4751

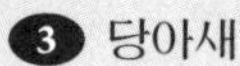

3 당아새

출처 Harley 4751

4 펠리칸

출처 Harley 4751

❺ 올빼미

출처 Harley 4751

❻ 독수리

출처 Harley 4751

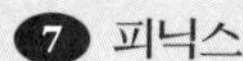

7 피닉스

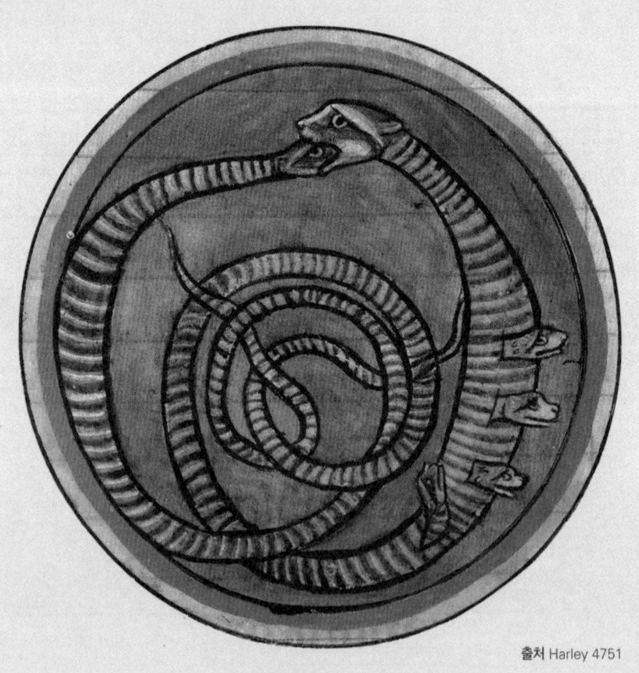

출처 Harley 4751

❿ 살무사

출처 Aberdeen Univ. Lib. MS 24

11 뱀

출처 Harley 4751

12 개미

출처 Bibliothèque Nationale de France, lat. 14429

⓭ 시레네

출처 Harley 4751

14 고슴도치

출처 Harley 4751

16 표범

출처 Harley 4751

17 고래

출처 Harley 4751

18 자고새

출처 Bibliothèque Nationale de France, lat. 14429

21 족제비

출처 Harley 4751

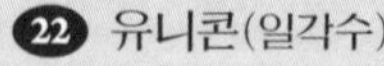

22 유니콘(일각수)

출처 Harley 4751

23 비버

출처 Harley 4751

24 하이에나

출처 Bibliothèque Nationale de France, lat. 14429

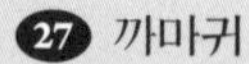
27 까마귀

출처 Harley 4751

31 살라만더

출처 Bibliothèque Nationale de France, lat. 14429

32 금강석

출처 Harley 4751

33 제비

출처 Aberdeen Univ. Lib. MS 24

35 비둘기

출처 Harley 4751

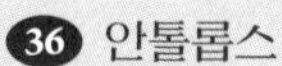

36 안톨롭스

출처 Bibliothèque Nationale de France, lat. 14429

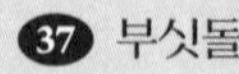
37 부싯돌

출처 Bibliothèque Nationale de France, lat. 14429

39 톱상어

출처 Harley 4751

43 코끼리

출처 Harley 4751

45 원숭이

출처 Harley 4751

❹❼ 왜가리

출처 Aberdeen Univ. Lib. MS 24

49 타조

출처 Koninklijke Bibliotheek, KB

50 딱따구리

출처 British Library, Additional MS 42130 (The Lutterell Psalter)

51 토끼

출처 Bibliothèque Nationale de France, lat. 14429

52 황새

출처 Aberdeen Univ. Lib. MS 24

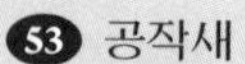

53 공작새

출처 Harley 4751

55 앵무새

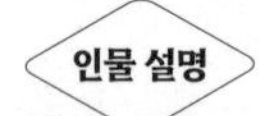

자연학에 관한 고대의 저술가들

아리스토텔레스 Aristoteles

기원전 384~322년. 피지올로구스와 관련해서 그의 중요한 작품으로 두 가지를 꼽을 수 있다. 《동물학*Historia animalium*》 전 10권과 《동물의 지체에 관하여*de partibus animalium*》 전 4권이 그것이다.

아리아누스 Flavius Arrianus

비튀니아 니코메디아Nikomedia의 플라비우스 아리아누스. 그리스식 이름은 아리아노스. 95년경~175년. 로마 제국의 고위 장교였던 아리아누스는 그의 스승이었던 에픽테토스Epiktetos(50년경~138년경)에 관한 중요한 정보를 전해준다. 알렉산드로스 대왕에 관한 기록 《아나바시스와 인디케*Anabasis und Indike*》도 신뢰할 만한 기록으로 인정된다.

아일리아누스 Claudius Aelianus

175~235년. 현재 팔레스트리나에 해당하는 프레네스테Praeneste 출신. 그리스어로 《동물들의 습성에 관하여》라는 17권의

저술을 남겼다. 대부분 상상의 동물들을 다루었고, 이 점에서 피지올로구스와 많은 부분을 공유한다. 이 밖에 《놀라운 이야기들》이라는 제목으로 14권의 저술을 남겼다.

아테나이오스 Athenaios

이집트 나우크라티스Naukratis의 아테나이오스. 3세기 초엽에 《현자들의 만찬*Deipnosophisten*》을 저술하였다. 현재 전해지지 않는 수많은 고대 문헌들을 간접적으로 전하는 귀중한 보고로 꼽힌다.

오피아누스 Oppianus

동명의 두 저자가 비슷한 주제의 교훈시를 남겼다. 아나자르보스Anazarbos 출신의 오피아누스는 《고기잡이*Halieutika*》에 관한 다섯 권의 시집을 남겼다. 마르쿠스 아우렐리우스 황제에게 헌정된 것으로 보인다. 두 번째 오피아누스는 시리아의 아파메이아Apameia 출신으로 《사냥*Kynegetika*》에 관한 교훈시를 네 권의 책으로 남겼다. 카라칼라 황제에게 헌정하였다. 이들의 교훈시는 후대에 크게 인정받지 못하였으나 피지올로구스의 소재 선택에는 상당한 영향을 주었을 것으로 보인다.

요하네스 뤼두스 Johannes Lydus

510년경에 출생하여 6세기에 활동하였다. 《월력에 관하여*de mensibus*》와 《전조에 관하여*de ostensis*》, 그리고 《로마 공화정의 행정관청에 관하여*de magistratibus rei publicae Romanae*》 등 그의 저작은 뛰어난 출전연구와 신뢰할 만한 전거를 포함하고 있어서 학문적 가치를 인정받고 있다.

위-칼리스테네스 Pseude-Kallisthenes

칼리스테네스는 올륀트Olynth 출신으로, 추측건대 아리스토텔레스의 조카였을 것이다. 역사서 《헬레니카*Hellenika*》 전 10권을 남겼고, 이 책을 통해서 알렉산드로스 대왕의 위업을 크게 알렸다. 대왕의 군대에 복무하였으나 알렉산드로스의 노여움을 사서 기원전 327년에 처형당하였다. 그가 죽은 후 칼리스테네스의 이름을 빌려서 수세기 동안 알렉산드로스의 위업을 다룬 소설들이 다수 출현하였다. 이들은 중세기를 관통하여 피지올로구스의 다양한 판본들에게 적지 않은 영향을 미쳤다.

플루타르코스 Plutarchos

카이로네이아Chaironeia의 플루타르코스. 46년경~120년. 위대한 인물들의 삶을 나란히 비교하여 서술한 그의 영웅전 이외에 상당수의 철학서를 남겼다. 《모랄리아*Moralia*》, 《향연의 대담*Quaestiones convivales*》, 《동물의 지혜*de sollertia animalium*》, 《이시스와 오시리스*de Iside et Osiride*》 등이 피지올로구스의 내용 형성에 도움이 되었다.

플리니우스 Gaius Plinius Secundus

23~79년. 코모 출신으로 79년의 베수비우스 화산 폭발 때 희생되었다. 미세눔Misenum 함대의 사령관으로 봉직하였고, 《박물지*Naturalis Historia*》 전 37권을 남겼다. 이 책은 근대에 이르기까

지 자연과학에 대한 가장 포괄적인 지식의 보고로 인용되었다.

헤르메티카 Hermes Trismegistos

《헤르메스 트리스메기스토스*Hermes Trismegistos*》는 이집트의 신 토트Thot를 그리스의 사상으로 해석한 저술이다. 헤르메스 트리스메기스토스의 교리는 205년에 죽은 알렉산드리아의 클레멘스가 남긴 36권의 신학·천문학 저술과 6권의 의학 저술을 통해서 부분적으로 전해진다. 클레멘스의 저술 가운데 현재 17권이 남아 있다. (1949~53년에 페스튀기에Festugiere가 3권으로 묶어서 낸 것이 가장 최근의 출판물이다.) 책의 내용은 신플라톤주의 사상에 가깝지만 상당 부분이 밝혀지지 않고 있다. 특히 피지올로구스와 고대 이집트의 학문을 연결하는 흥미로운 단서를 제공한다.

헬리오도로스 Helliodoros

에메사Emesa의 헬리오도로스. 2~3세기에 《에티오피아 이야기 *Aithiopika*》 전 10권을 저술하였다. 테아게네스Thea-genes와 그의 아름다운 연인 카리클레이아Charikleia 사이의 사랑을 주제로 다룬 소설이다.

호라폴로 Horapollo

5세기에 《히에로글뤼피카*Hieroglyphika*》를 저술하였다. 현재 그리스어로 번역된 것이 전해진다. 이른 시기에 그리스어에 의해 세력을 상실한 고대 이집트의 상형문자에 관한 호라폴로의 연구는 문자의 기원을 밝히는 풍부한 정보와 새로운 사실들을 포함한다.

참고문헌

I. 그리스어 피지올로구스

1. Friedrich Lauchert의 *Geschichte des Physiologus*, Straßburg에서 1889년 출간. 그리스 어 피지올로구스는 229-279 , 12세기의 새로운 독일어 피지올로구스는 280-299 .

2. Franciscus Sbordone의 *Physiologi Graeci singulas variarum aetatum recensiones codicibus fere omnibus tunc primum excussis collatisque in lucem protulit*, Milano에서 1936년 출간. CXIX와 332 .
(F. Lauchert에 관해서는 *Zeitschrift für deutsche Philologie* 22, 1890, 236ff.에 실린 E. Voigt의 논문을 참조하고,
F. Sbordone에 관해서는 *Byzantinische Zeitschrift* 37, 1937, 379f.에 실린 P. Maas의 논문을 비교하라.)

II. 그리스어 피지올로구스의 번역

1. Fritz Hommel, *Die Äthiopische Übersetzung des Physiologus*, herausgegeben, verdeutscht und mit einer historischen Einleitung versehen, Leipzig, 1877.
2. Halldor Hermannson, *The Iceland Physiologus*, Islandica 22. Ithaca N.Y.(Cornell Univ. Press), 1938.

III. 이차 연구자료

1. F. Lauchert의 *Geschichte der Physiologus*에 실린 논문.
2. Emil Peters, *Die griechische Physiologus und seine orientalische Übersetzungen*, Berlin, 1898.
3. Max Goldstaub, "Der Physiologus und seine Weiterbildung"(*Physiologus*, Suppl. Bd.8, 337-404ff.), Leipzig, 1899-1901.
4. Max Wellmann, "Der Physiologus, Eine religionsgeschichtlich-naturwissenschaftliche Untersuchung"(*Philologus*, Suppl. Bd.32, 1), Leipzig, 1930. 이 논문에 대해서는 *Byzantinische Zeitschrift* 33, 1933, 366-370ff.에 실린 F. Drexl의 논문을 비교할 것.

IV. 피지올로구스와 미술사

1. Charles Cahier와 Arthur Martin, *Mélanges d'archéologie, d'histoire et de littérature*, Paris, 1851-56(II 85-232ff.; III 203-288ff.; IV 57-87ff.) 이후에 속간된 *Nouveaux mélanges*(1874, 104-164ff.)를 비교할 것. 도판 수록.
2. Josef Strzygowski, "Der Bilderkreis des griechischen Physiologus des Kosmas Indikopleustes und Oktateuch"(*Byzantin. Archiv*, Heft 2), Leipzig, 1899.
3. George C. Druce, "The Mediaeval Bestiaries and their influence on ecclesiastical decorative arts," in: *The Journal of British Archaelogical Association*, NS. 25, 1919, 41-82ff. 도판 수록.
4. O. M. Dalton, *Early Christian Art, a survey of the monuments*, Oxford, 1925.
5. M. R. James, *The Bestiary*, edited by M. R. James, Oxford, 1928(4판).
6. K. Künstle, *Ikonographie der christlichen Kunst* I, 1928.

(그 밖에 F. van der Meer와 Christine Mohrmann이 1959년에 함께 펴낸 *Bildatlas der frühchristlichen Welt, Gütersloh*라든지 고대 사전 *RE*, 그리고 *Der Große Brockhaus*에서 *Physiologus*에 관한 좋은 논문기사를 찾을 수 있다.)

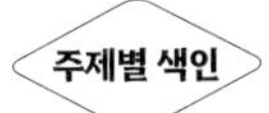

주제별 색인

• 괄호는 참고 도판 수록 페이지입니다.